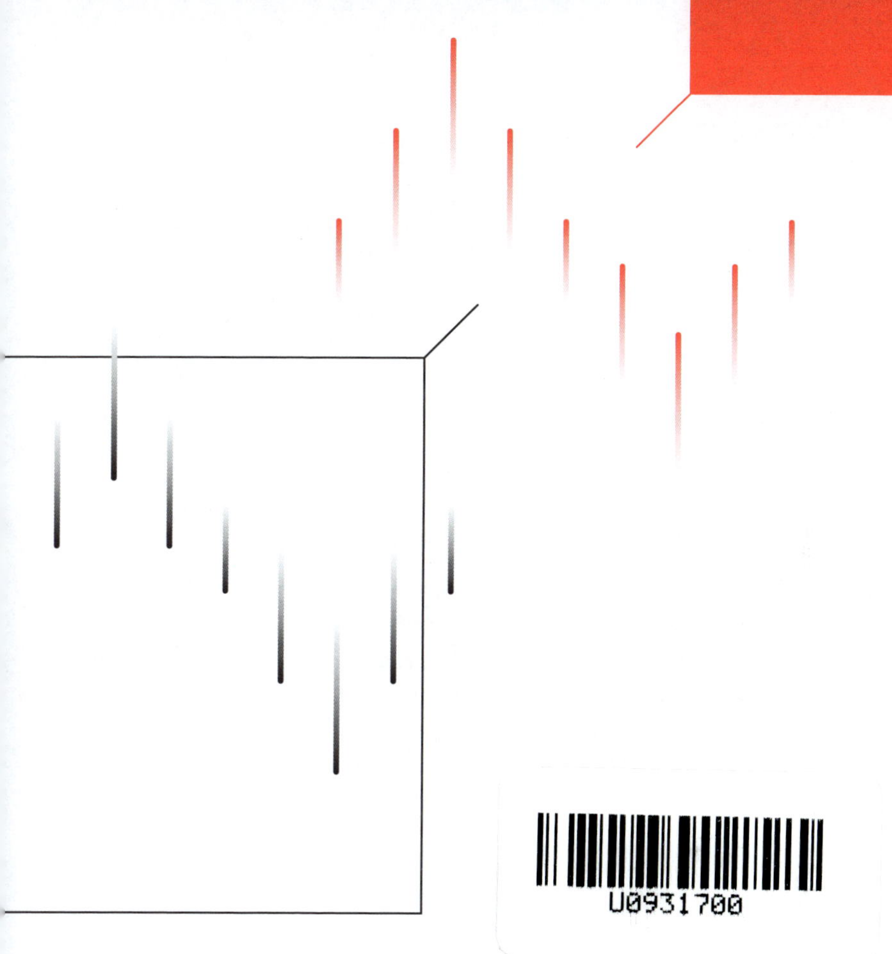

做自己的生涯規劃師

張文彪 著

做自己的生涯規劃師
作者／張文彪
策劃編輯／伍詠慈
美術設計／林朗星
出版發行／突破出版社
香港沙田亞公角山路 33 號突破青年村
電話：2632 0000　傳真：2632 0388
電郵：breakthrough@breakthrough.org.hk
網址：http://www.breakthrough.org.hk
http://www.btproduct.com
承印／陽光（彩美）印刷有限公司
2019 年 4 月初版 1 刷
2019 年 11 月初版 2 刷

Be A Career Planner Yourself
by Robin Cheung
First Printing, First Edition, April 2019
Second Printing, First Edition, November 2019

Printed in Hong Kong
ISBN 978-988-8562-05-3

誠邀閣下就突破出版社的書籍發表意見
歡迎加入突破書籍 Facebook page — http://www.facebook.com/btbooks.page
本書採用環保油墨印刷

生 活 與 輔 導

關懷、連繫、復和、

溝通、對話……

凝視心之脈動，

直到重新尋獲自己的心。

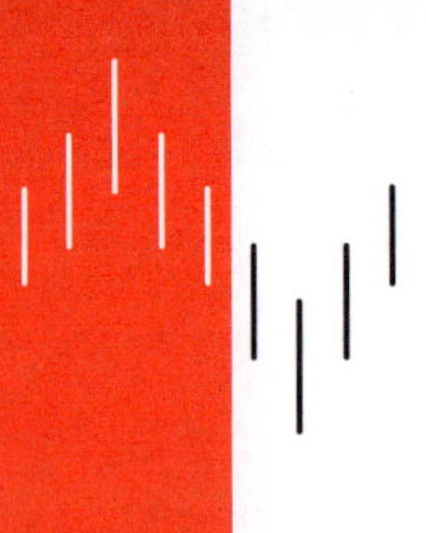

目錄

生涯從來不能被規劃

2014 年始教育局於高中教育落實相關政策，幾年下來，討論「生涯規劃」所謂何事，又如何實踐的聲音不斷，批評者對人生須「規劃」不以為然 —— 未來職場多變，怎由得我們未卜先知？過早要求年輕人確定十年後的職業，又是否合理和道德？

「生涯」是生命角色、生活模式的選擇；「規劃」涵蓋對不同可能性的認知和探索，更重要的是在充分了解個人特質和環境的情況下，有勇氣和能力為未來作抉擇。從這角度了解生涯規劃，它是全人發展必不可少的元素之一。生涯規劃教育是一生之久的歷程，每個人都有獨特的天賦、擁抱不同的價值和理念，也活在不同的成長處境；每一次選擇，為生涯藍圖開拓新的可能，也在捨棄、放下另一些機會……千變萬化、不能預測，我們只能不住勇往直前，努力嘗試，探索抉擇之門後面的世界。

一般探討生涯規劃教育的著作，一是像工具書般以心理測驗結果連繫到升學和職業選擇，將生涯「簡單化」；或是過分強調個人自我實現，鮮有信仰的介入。張文彪校長帶領讀者回歸基督教的人觀，讓我們先肯定人生於世的價值和尊貴。在這關鍵的信念基礎以上，每一個人都得回答：我們對個人、羣體、社會的承擔又是什麼？更大的挑戰，是尋找上帝給我們各人獨一無二的召命！

喜見張校長著作為生涯規劃教育的討論提出新的進路，還有他十多位門生的生涯故事，都在説明，人生從來都不可能「被規劃」。

何玉芬博士

迦密愛禮信中學校長

香港輔導教師協會前主席、現任副主席

寫給在路上的你

「吾生也有涯，而知也無涯，以有涯隨無涯，殆已。」《莊子．庖丁解牛》

一個「涯」字了得，為《做自己的生涯規劃師》拉開帷幕，破解生涯、學涯、職涯的迷思，引導讀者反思生命、窺探未來……

過去，感恩有機會與張文彪校長在教育的路上同行，獲益良多；此際，大家又因着共同的信念走在一起，目標只有一個，就是透過他對「生涯規劃」的反思及見解，給所有尋路的、在路上的朋友們——一個重尋召命、重新得力的空間，為此我要說一聲：感激。

時代正在急速轉變，《做自己的生涯規劃師》言說與理論並重，嘗試回應年輕人面對成長和未來的焦慮與想望。在書中，張校長綜合了他多年來在教育和研究的心得，深入淺出地指出問題的核心：不在結果，而在過程；成功不在於擁有，乃在於創造。

可惜，一直以來，坊間總是將成功與教育水平、職業類別或收入等畫上等號，以致成功的定義變得狹窄而單一，彷彿只是少數人的專利。然而，作者提醒大家，工作並非只為了生計，更不是要在你我的生命中設下限制與框框，而是無論生活也好、工作也好，我們都是在建立關係，創造價值，並且叫別人因你而活得更好，甚至讓社會因此變得更美好。

事實上，不少有關千禧代的研究，都得出同一個結論，就是他們重視工作的意義，認為不單為個人設想，也應該致力把世界變得更好。或許有人説這是現代教育帶來的文明，但我倒覺得這是青年期的一個特質，是不少人曾經有過的理想，只是後來被歲月、被世情所碾碎罷了。

於是，張校長請來一眾學生現身説法，分享他們在生涯與職涯路上不同的掙扎和體悟，展現各種發展的可能性。人生的路跌宕起伏，他們卻從沒有放棄對生命的思索和對自己的忠誠，最終能夠走出屬於自己的路徑。我深深被這些真實的故事打動，相信讀者一樣可以從中得到啟發，對工作、對職志有更廣闊的想像，以至更大的承擔。

法國作家羅曼・羅蘭（1866-1944）曾經說過：一個人只能為別人引路，不能代替他們走路。因此，盼望每一個人至少擁有一個夢想，一個理由去堅持；也衷心祝願這書能帶給你新的動力，在奔跑時，珍惜腳下的每一步，夢想就在前方等待着！

萬樂人

突破機構總幹事

自序

「生涯規劃」近年來是學界流行用語之一，教育當局及學界都着力推行這門課，希望學生能藉此建立正確的人生觀及工作觀，但從來有沒有人提問這個詞的涵義究竟是什麼？無論是成年的老師、家長，或年輕的大、中學生，看着這個詞，可能都茫無頭緒或一知半解。一般而言，學校推行生涯規劃的策略就跟推行一直以來所慣用的升學就業輔導類似，或只將之換個名稱、用新瓶舊酒的方式處理，換言之，「生涯規劃」即等同「職涯規劃」，但這個籠統的做法有沒有不妥呢？

筆者寫這本書的原因，就是要探討「生涯規劃」的正意、與職涯規劃的異同，以及規劃的意義和方法；同時，亦想引入「學涯」的觀念，為關心這方面的師生或青年人帶來一些思想的衝擊或啟發，亦希望能令其生涯更有方向及更有機會達成其人生目標，因而得着心靈的滿足。

筆者已年近70，在回顧自己的生涯及觀察周圍的人所走過的人生路時，覺得人生若有正確的方向及適當的規劃，達標及滿足的機會確實會大一些，所以着手寫這本書，將我的體驗及想法與讀者分享。書中亦引述不少人的小故事來作例證，絕大部分來自我之前任教學校的畢業生，是他們追夢及逐步圓夢的真實見證，雖然未能夠包括各行各業，但可以説是涵蓋了一系列人類的天賦和智能。這些故事都是由同學們執筆撰寫，講述他們至今在人生路上奮鬥的經歷，當中展現了不少面對現實世界大大小小考驗的勇氣 —— 有些是基督信仰所給予他們的，也有些是他們自己在奮鬥中所揣摩或培養的！無論是哪一種，相信都可引起讀者的共鳴或反思。這些故事的主人翁畢業已起碼十年八載，現在已經成年了，他們的人生路還很長，要經歷的風霜雪雨仍多，所以，除欣賞他們至今的努力外，也寄望他們能以過去的成功作為跳板，百尺竿頭、更進一步，跨過社會及職場種種變化和難關，讓人生活得豐盛、美滿！希望三四十年後，當他們回顧自己所走過的路時，會因一生堅持追夢、圓夢而感到自豪，更希望他們會記念及感謝造他們的主！

我引入了學生的親身經驗，希望能藉以勵勉他們的學弟學妹及其他年輕人。本來我打算由我簡述作為例子而已，但在撰寫的時候，突然靈機一觸，想到可讓他們參與其事。很感恩最終真能與他們一起成就這事，事情雖非規劃而成，但想來也是非常有意義的 —— 校長能與學生一起出版書籍，促進生命教育，應屬佳話吧！他們的故事其實也給我許多可學習的地方，在此向他們致敬及致謝！更為上主創造人類多元的才能及為人提供多樣的機會讚歎、感恩！

除了這些以外，同學也有許多其他奮鬥成功的故事，可惜篇幅有限，不能盡錄，正如有位老師所說，這類故事若收集起來，可以出版好幾冊書，我相信這話，同時，也十分相信每間學校其實都儲藏許多這些小故事，值得收集。

此外，也要感謝何崇謙博士 / 牧師為這本書提供了他大半生尋索及奮鬥的故事，我找他參與，除因為他是我主內的老弟外，也因為他的故事很特別，對具有類似畫畫或藝術天分的年輕人來說，應帶來不少啟示和鼓勵，再三多謝何老弟。亦要多謝同道何玉芬博士和萬樂人女士，她們十分關注這個課題，亦撥冗為本書寫序。最後，十分多謝突破出版社為我出版這書，更要多謝編輯伍詠慈女士非常用心修飾文字，並加入圖表、每章要點及閱後活動，大大提升了書的可讀性，願主報答她的勞苦。在此，祝福各位同工，也祝福各位讀者！

引言：
生涯規劃不是一門學校上的課

「做人都唔知為乜，都係渾渾噩噩，有一日過一日。」

「書都讀唔掂，點得閒規劃人生呢？」

「夢想成真？簡直係天方夜譚！」

「佢成功？好彩吧，上天對佢好嘛，天生聰明，又好樣，家境又好，我無天資，家境又唔好，點比呀！」

「我鍾意做箇乜野，父母話搵唔到錢，都無用，唔俾我做。」

「前途都唔知可以點，又無人指點，見步行步啦！」

「讀完書，搵到食，穩穩陣陣，唔害人，都算係咁啦，仲可以規劃咩？」

「我咁普通，會有乜乜嘢天分同獨特性呀，講笑咩！」

「做人就係捱架啦，生涯就係一生捱囉！成世就得個做字！」

「唔知幾時先至搵到第一桶金，但搵到都無用，買唔到樓啦，儲錢都無用，不如享受左先算！」

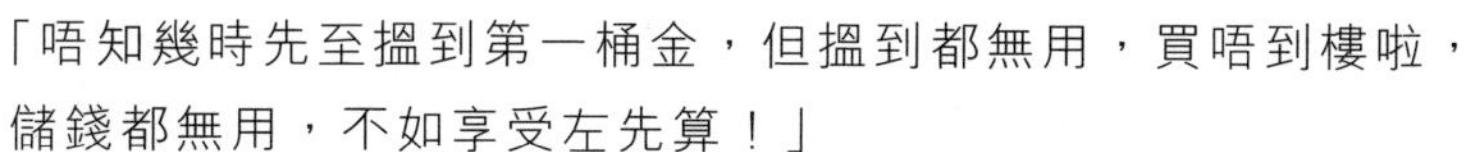

「生涯規劃？好！你先教我點樣搵到錢，等我可以享福，就唔使捱啦！」

「做人梗係要歎世界啦，人一世，物一生嘛！」

「做人梗係睇自己先啦，話都有咁講啦：人不為己，天誅地滅！」

「我好簡單，唔諗咁多，而家讀好書，第日搵返份好工，賺到錢，等爸爸媽媽生活好過些，自己成家立室都好些啦！」

這些都是日常在身邊或多或少會聽到的說話，是人對心境或生活的一些描述，亦可能是有些人的自我認定，甚至是一生的寫照。雖然是口語，若仔細去聽、仔細去想，無論雅俗，每句話裏面其實都有些人生哲學或詮釋事物的「思想模式」（mental model），不過我們許多時候沒有在意，或沒有深究，裏面暗藏許多生涯規劃的元素，其實這個題目離我們不遠，值得探索。

你的起點在哪裏？

人活着，不知不覺地會受社會一些價值觀影響了自己的人生態度，繼而影響了想走的方向，結果套用這些標準來量度自己人生的成就。但要是這些價值觀壓根兒是搞錯了的，甚至是集體的錯誤，例如以金錢衡量一切，包括個人的價值、人生、學習和職業的成敗，我們不就給誤導了？出發點不同，終點也不同，所謂「差之毫釐，謬以千里」。所以，做人是否應該慎「始」呢？年輕人前途無量，但最好在千里之行前，搞清楚行的價值、行的方向、認清所要踏出的步履，並好好走下去，最後才會有更大機會見到所願見的成果。

本書就是希望能刺激讀者，尤其是青年、剛成年的你，在人生的初階，多思考一下人生的意義、方向、投入的範疇及所應做的規劃，希望最終人生能充實、天賦能發揮及內心能滿足多一點！至於在人生路上已走了一段路的人，例如家長，若發現這書的內容仍有可讀之處，我不會感到希奇，因為生涯規劃在什麼人生階段都可以思考和進行，連我這年近70的長者也需要做，願與你們互勵互勉！

題解：人生三涯

不是捱而是涯

正如我在序言中所說，這本書是有關規劃生涯、學涯及職涯的，所以，在展開生涯規劃討論之先，想簡單界定一下這三個名詞的意義。

首先，何謂「涯」呢？這字是用來指一段由始至終的時間及其中的經歷。

「生涯」自然是指生命由始至終的過程，是三個「涯」中最闊的。以現代人平均壽命計算，一個人的生涯平均可以到耋耄之年。在這段漫長的歲月中，人為何而生、應如何過活、可以怎樣自處、可怎樣在家庭、社會、以及國家、世界，甚至教會中善用生命、又可以怎樣計劃自己的將來呢？一般人十多廿歲便開始懂事，會為自己的人生思考，而上述這些問題就是生涯規劃的範疇了。

「學涯」是指在這人生中，應該學些什麼知識可賴以生存、生活得好及活出人生意義，又怎樣去學才有效能、要如何計劃等等，都是學涯規劃的範疇。生涯和學涯幾乎是重疊的，但當人仍在嬰孩階段時，所要學的都受本能和生理需要驅使，學習大部分是無甚選擇或計劃的，長大了，便要面對學習什麼的問題了。到了晚年，人仍需學習，規劃也會多點果效，但若是老得無力或患了腦部退化症，生活已不能由自己控制或規劃的了！若撇除嬰孩和暮年兩個階段，學涯幾乎是和生涯一樣長，若要有成果，還是得做些規劃好。

「**職涯**」是指人一生所需要工作的時間。一生可能要做一種或多種職業，對大部分人來說，工作既為謀生，亦有是因興趣或發揮天分而做的，但從事什麼職業其實又與社會的價值觀和發展息息相關，我們會問自己一連串的問題：究竟什麼職業才會適合自己、又怎樣才可藉工作將自己的潛能及天賦發揮得好呢？如何才可找到這種合適的職業？如何做好準備及提升自己去從事這種職業呢？如果中途要轉換職業，又應如何應對呢？這些都是涉及職涯規劃的。除了從事終身職業的情況外，職涯一般來說比生涯和學涯短，但平常而言，都有幾十年之久，實在需要好好考慮。

總言之，「生」、「學」及「職」三方面對人來說都是很重要的，無論談論哪一種「涯」，都涉及人生一段頗長的時間，而裏面所作的一切也構成一個人生命的內涵（being）及身分（identity）。在逐種「涯」去談論之前，我都會嘗試解構一下，時下對這些「涯」一般的看法或思想模式，並作出評論，亦會提出另類的模式（alternative model），供讀者參考，以補充或修訂原有的模式。另外，在建構不同的「涯」的過程中，人會自忖：究竟人是否可以給這三涯作出規劃呢？而規劃對最後的成果又會否有什麼影響呢？這些問題其實也是本書要討論的。

這本書除採用常理去論說外，也從基督教信仰的立場去看「規劃」這個課題，非信徒的讀者可視後者為參考資料，再自行分析、衡量及作出結論。無論採取什麼立場，我想最重要的是，讀者要為這個關乎自己一生得失成敗的課題做個檢視及選向。

這書共有九個篇章，首先會討論規劃的可能性及局限，然後探討確立人生目的及認識自己與規劃的重要性及與規劃的關係，再討論規劃各種涯的方法和落實規劃的態度。最後，亦會闡述量度規劃成效的標準。前文提到的故事則會放在合適的地方，作為例子，但亦可以獨立閱讀，對喜歡具體事例的讀者會較適合。我也擬定了一些提問，有些更是層層深入的去問，旨在引起思考，即使答案已呼之欲出，但我仍鼓勵讀者作獨立批判去思量，建構屬於自己的人生觀及工作觀，對喜歡抽象思考的讀者們，應感到不難駕御，倘若大家的思想有雷同的地方，便算作英雄所見略同吧！

筆記

生涯：生命由始至終的過程。

學涯：要學些什麼才可賴以生存、生活得好及活出人生意義，又怎樣去學才有效能、要如何規劃？

+ 你預算自己的學涯有多長？
+ 要是你仍在學，有想過如何規劃自己的學涯？要是你已畢業，你想自己的學涯還需要延續嗎？

職涯：人一生所需要工作的時間。

+ 什麼職業才適合自己？怎樣藉工作將自己的潛能及天賦發揮得好呢？如何找到合適的職業？如何做好準備及提升自己去從事這種職業？如果中途要轉換職業，又應如何應對呢？
+ 不少人憧憬 30 歲前退休，你想自己的職涯要有多長？

思考問題

你有沒有為自己的人生規劃？若然可以選擇的話，你希望過一個怎樣的人生？

。

第 1 課

生涯
真的可以規劃嗎？

在規劃生涯之先，大家必然先問一個基本的問題：人生這麼多變，人的能力又這麼有限，生涯真的可以規劃嗎？我們不是常常說：「生命無常，禍福難料」嗎？在這種難測難控的情況下，人只能隨遇而安，儘量善用或從有限的條件中找出最大的好處嗎？

這些說法都是真實的，人生真是有許多難以控制和預測的地方、能改變事情的空間亦有限；不過，在看過不同人的經歷後，我發現無論在個人的成長、學業、就業、建立家庭和人際關係，或在教會或社會的投入上，其實仍有一定的空間可以做抉擇和規劃的，起碼人可以定下發展的方向。

當然，人生有些事始終是改變不了的，例如你的家庭、種族和性別；但如何去處理特定的身分和隨之而來的期望，仍是可以改變和自決的，正所謂「眼界可決定境界，心境可改變環境」。人一生可能平順無礙，但也有可能障礙重重，無法預料。意外、災禍、變遷，甚至機遇和壽數等，都是預計和規劃不到的，尤其是外在的環境，根本控制不了；然而人本身仍有應變的空間，而應付這一切所需的態度、能力和毅力也是可以有計劃地培養出來的。

沒有大志可以嗎？

有些人不想做任何規劃，只想隨遇而安，因害怕規劃落空會導致失望，這樣的取態無可厚非，是個人的抉擇；不過要明白這樣取態不大可能帶來任何強烈的滿足感，這樣的人生沒有什麼方向，也沒有要努力爭取的目標。所以活了一世，到頭來也沒有經歷過目標達到時那種興奮和滿足，也沒有對別人產生過任何影響（當然是指積極方面的），日子就這樣平平淡淡的過去了，説句負面的話：活過和沒有活過，也許沒有多大分別！即使許多人仍然希望平淡，然而，人生難免大起大落或兜兜轉轉，不是人想選擇平淡簡單便可如願，始終生命難料！

若問不論有沒有生涯規劃，其實都要面對生命難料的現實，二者又有何分別呢？可用個比喻來説明一下：像船在大海航行，有方向的若遇到風暴，會拚命衝出風暴，並希望成功、持續向目的地前航，這樣絕處逢生的例子也不少。要是沒有方向，船便不住在海中漂流，亦容易被風浪打翻！話雖如此，每個人都有自由去決定過一個怎樣的人生，但別忘要承擔抉擇的後果！

在我看來，人可以、亦應該按個人的人生目的去規劃自己的人生，並選定人生的標竿，全心投入向標竿直跑，直到生命完結。途中可能遇到障礙，甚至跌倒，但仍要百折不撓、毋改初衷，活出堅強充實的人生。不過，話又要說回來，有堅強意志雖好，只是人仍需要謙卑，承認自己只不過是人，總有極限，堅定不移之餘，也不要以為人力一定可以勝天（請不要過早說自己已達到極限而放棄努力）。無論何人，在規劃時都應儘量認識及掌握自己，也要努力建立與其他人的關係。

生涯只是上天的事？

對於那些深信自己裏外都是上主創造，又是祂眷顧的人來說，他的生涯早已命定，如大衛所說：「我未成形的體質，祢的眼早已看見了；祢所定的日子，我尚未度一日，祢都寫在祢的冊上了。」（〈詩篇〉139：16）或許會問：生涯既是這樣受到眷顧，又何須規劃呢？我會這樣回應：若是這樣深信，是十分好的，但仍有可作的事：第一，就是要好好禱告，求主讓你認識，祂創造你，是要你成為一個怎樣的人、在生命中應該和主同負一個怎樣的軛——就是一生應做些什麼美事、善事來榮神益人；第二，你當與神同工，讓祂將你塑造成這樣的人；第三，有了這個信念作為基礎及起點，你便需要規劃要學習些什麼事情和要從事什麼職業或終身事業了，因為人只活一世，這些事最好不要弄錯！

當然，在這一切之中，你可以，並應該祈求聖靈的引導和幫助，投身其中及努力行所當行的事，好讓你的生涯不會因為死亡而終止，而你一生所作的亦不會因為死亡而消逝，正如彼得在〈彼得後書〉1 章 5 至 11 節所説，一切善工都會像豐豐富富的果子被帶進永恆裏去，獻呈給上主。你今世所走的路其實也是永生的路，要好好的走，裏外都要兼顧，正如大衛所說：「神啊，求祢鑒察我，知道我的心思，試煉我，知道我的意念，看在我裏面有什麼惡行沒有，引導我走永生的道路。」（〈詩篇〉139：23-24）詩人在這些經文表明，即使知道自己的不足和有限，同時也知道上主可以在他生命中成就奇妙的事，故此樂意配合，與神同工，讓祂按計劃在自己的生命中成就那美善及永恆的創造！所以，在規劃生涯時，可找時間多讀及思考〈詩篇〉139 篇，從中得着啟迪。

機會留給有準備的人

總的來説，人生是有可規劃的地方，例如訂定人生目的及標竿，以及培養做人做事的態度；也有無可規劃的地方，就如人生種種意想不到的際遇及環境上的變化。在有限的控制能力下，人只能盡力而為，在能夠規劃的地方預備好，並善用所有，希望能達到理想的目標。人生雖有很多局限，但也有許多突破的機會留給心存盼望的人；當機會來到時，那些平日做好準備工夫的人，便可有足夠條件把握，如俗話説，機會是給預備好了的人，也有説，天助自助者（God helps those who help themselves.）！

筆記

+ 人一生可能平順無礙，但也有可能障礙重重，無法預料。

+ 有方向的若遇到風暴，會拚命衝出風暴，並希望成功、持續向目的地前航。

+ 人可以、亦應該按個人的人生目的去規劃自己的人生，並選定人生的標竿，全心投入向標竿直跑過去，直到人生完結。

+ 試用一個表列出生命中有什麼已定了下來，不可改變？又有什麼是可以改變的？細心想想，也可以問他人意見。

思考問題

你想自己的人生有什麼地方不可以改變，但又有什麼地方仍可以改變及規劃？

第 2 課

確認你的方向——人生目的與生涯規劃

規劃好難

為什麼要為生涯做規劃呢？要回答這個問題，先問問規劃包含什麼元素，和它的作用為何？按我個人的看法，規劃的元素除個人對各種「涯」要認知、了解、制訂策略及計劃外，也要釐清當中所涉及的信念、價值觀及處事和應變的態度。

做規劃不是憑空的、不能順應潮流，也不能為規劃而規劃，規劃最終的作用是要達到某一個目的，而目的背後反映一套價值、信念或哲學。換句話説，規劃是有利於達到目的，而達到目的是為了實踐個人的信念或活出個人的哲學，相信這不是每個人都意識到或肯花時間去思索的。

人生不要白忙

若按此推論，在規劃生涯的具體行動之先，人應弄清楚人生存的目的和價值。一般來説，人生的目的大致可分成三類：為己、為人和為上主，而每類目的都衍生出與別不同的路向和旅程，也繼而帶來不同的規劃。現試將我對這三類目的的理解及它們可能產生的影響簡述如下：

一、為自己，有錯嗎？

有些人相信人生下來便是自私的，存在只是一個意外、是偶然，沒有什麼獨特意義，也毋需向什麼人或神明交代；而追尋快樂也是人類天性，只在乎享樂，所以生存的價值只在今世。於是這些人會想盡一切辦法去維持生命及享受人生，既知道生命有限，人只活一次，所以要趁早盡用生命，有如詩句所言：「有花堪折直須折，莫待無花空折枝」，並且會儘量逃避各種禍患。由於現代社會可利用金錢購買各樣物質及享受方式，所以若要談生涯規劃，這些人順理成章地希望儘快獲取足夠的金錢，以便自己在最短的時間內，能享受生命所給予一切的好處。

這種思維頗實際，也很普遍，但各人的深淺強弱程度不同，有人會公開倡導，亦有人會暗自持定；但無論是哪一種，人生的目的都以自己出發，亦以今生為念，所以只會顧念自己，不會太花時間理會別人，除非別人能有利於己；甚至有國家領袖將這種思維提升至治國的層面，倡導「以自己的國家為優先」，赤裸裸的自私自利，他們認為專顧自己乃天公地道的事，是與生俱來的，更極端的思想是「拔一毛以利天下而不為」！

不過，也有人並不追求這種物慾主義，仍以追求自己的喜好或夢想而活，所投身的地方也許是科學、也許是藝術或某種嗜好，在那個小天地裏享受滿足感，與世無爭，也不理會自己的做法對別人的影響！倘若他們會藉所研究或投身的事積極影響別人向美向善，甚至為所處的領域犧牲自身的利益，那便不是全為己了！

雖然有人──應是少數──真會擁抱極其自私的想法，只追求自己的天地和夢想，不想理會其他事或人的，基本也是利己，並不損人。然而一般人不會全然自私，多少總會顧及別人，或許是為了互利互惠、方便生存的緣故。

不同人有不同程度的自我中心和自私，但無論如何，我想清楚地表明這個單「為己而活」的選項不可取，並非我們做教育的所贊同。在這裏列出來，只為了辨析和思考，好讓大家明察及自我警惕而已；若不小心儆醒，人真可以因自私或自我中心而做出傷天害理或違背倫理道德的事，包括埋頭苦幹做科研或藝術創作的，也可以因個人追夢而損害公益，在每天的新聞報道中，我們都可以看到許多大大小小的例證，就如不久前弄得全城熱議的編輯基因實驗！

即使有人會辯稱：「若不損人，只利己，問題應該不大吧！」這個説法雖然聽起來合理，因它將傷害別人的可能性減低（若然真能做到的話！），但仍是太自我中心，這種選向會把人的眼光收得狹窄，只聚焦在自己身上，忘卻一件重要的事，就是我們之所以為人，有超然價值。不只單單因為我們每個個體都有與生俱來的尊嚴，值得維護，其實也由於我們都與別人建立了關係，而關係也會帶來生存意義。換句話説，生命中倘若沒有別人，我們便沒有自己，正如嬰孩若得不到父母或其他人照顧，根本不能正常生存下來，所以自幼便需要依賴別人，並在長大的過程中和他們建立了各種關係。而這些關係許多時又與人生存意義有關，正如中國人常談孝道——對父母存飲水思源的心——在生命中的重要性！

人為自己設想，的確是很自然的，也是需要的（總比那些連自己死活也不關心的好）。但要知道界限，在滿足自己需要時，若能節制謹守，並考慮他人的權利福祉，既愛己，也愛人，便好了！

二、我為人人

有一些人相信人性是良善、光輝的，即或有幽暗面，但仍可以善勝惡；這些人做人很積極，相信助人乃快樂之本，也相信可藉助人自助，希望能夠為別人，包括父母、子女、家人、社區，甚至整個人類的福祉做點事。在生活中，他們若有機會能幫助人，便會積極去做。當中有些人因抱有利他思想，會努力及儘快學習所需的技能和知識，藉以投入社會，找一份與公益有關的工作，例如做社工、醫護人員或議員，去幫助那些他們覺得有需要的人，從中享受服務他人所帶來的滿足感和重要性，也藉這種服務提升自己的品德素養。他們甚至終身投入這些事業，結果造福不少人。更有人會想得更遠，願意花長時間去鑽研一些相信長遠會對人類有貢獻的事物，為世界謀求更大的福祉！亦有人會為別人所提出某些信念或主義而獻身、超越自我，甚至忍受許多苦楚，希望能見到理想實現、社會改進。具有這種無私奉獻的心的人，在人羣中當然是少數，但通常會贏得許多人的敬重及感激。

那些願意一生努力「為人而活」的，許多時信守人道主義或人本主義，並以此為個人的選向及實踐。這是很高尚的，對社會也有極大的重要性，畢竟一個社會的建立及維繫是需要人互相幫助、並共同為公眾利益努力才行的。

從另一方面來看，「為人」這種人生目的雖然偉大，可惜許多時候只局限在今生，抱着這樣信念的人只能期望當生命終結時，所建立的善工能傳承下去，將來的世代也會有人珍惜和紀念，但一切已非己力所能控制。這是今生為人而活的人的限制及無奈，但亦有人能超越這種心靈的慨歎，既認定已盡力而為，便心安理得而沒有什麼需要遺憾。即使如此，人也要慎始，在投身任何慈善或公益事業前要先弄清楚究竟，例如為人而活的動機底層是什麼（這只有在事者自己知道，又倘若他對自己誠實的話），要保持動機純正才好。有人會將「為己」的目的包裝成「為人」的動機，自欺欺人，社會也未必究察得到；結果有許多人偽善和打着行善的旗幟去沽名釣譽或中飽私囊，我們每逢見到這些事發生時，真會感到神傷，甚至理想破滅或愛心逐漸冷淡。

一般人多少也有些利他的情操和行為，這種「利他」的人生目的當然遠比第一種為己而活的好得多，但全然為人而不為自己打算，不大合乎常性，也不大健康。說這些話的目的不是要叫讀者對別人的善行抱懷疑批判的負面態度，而是提醒我們要對自己誠實，也要以誠實待人。我們應辨別良善，也應肯定和讚賞良善，人雖生來自私，但仍會有人能突破自己，真誠為人而活的，正如許多父母為了子女一生都作出無言的犧牲！

三、向上活

不少基督徒相信（可惜不是全部！），生命是造物主透過父母所賜予的，所以在面對生涯規劃這回事上，態度和方法便截然不同了！他們因着相信生命為神所賜予，帶着祂獨特的旨意和計劃，目的是要祝福自己，並藉着一生所作去祝福他人，無論親疏，所以要着力尋找發揮個人天賦的方式去生活和工作，希望能榮神益人。事實上，在人世間，各人在家庭、社會及教會的職能不同，正如《聖經》說，在大戶人家有許多器皿（參〈提摩太後書〉2：20-21），意思說在上主所創造的天地和所設立的教會中，有許多不同的工作和崗位，需要不同的人才去承擔，這世界和教會才可運作順暢及管理妥當，才可造福眾人。所以，各人要按着上主的心意好好管理大地及治理教會，作光作鹽，並向祂交代生命的一切。人若如此相信，又願意如此為主而活，便會儘早尋找自己的獨特性和生存的功用——即在祂的家中，自己是怎樣的器皿，並盡力把這功用發揮出來，目的是能造就別人、成就自己（這才算是真正的自愛）。尤有進者，這種態度幫助每個基督徒認知在世的角色或位份並非命定而變得完全被動，不會只像個機械人強制性執行程式而已，而是自願、積極，並有血有肉地實踐使命。

人性有光明面，也有幽暗角落（即基督教所指的罪性），即使知道了自己的能力，我們仍要以善勝惡，克服自我中心及自私的傾向。《聖經》説：「人若自潔，脱離卑賤的事，就必作貴重的器皿，成為聖潔，合乎主用，預備行各樣的善事。」（〈提摩太後書〉2：21），就是人若願意作貴重的器皿，想生命發揮重要的功用，便須努力自潔，脱離卑賤的事，包括讓上主去救贖、潔淨、塑造和更新，才可發揮生命最大的效用。所以在建立自己成為有用的人這生命工程上，人可以與上主同工！

不過，説到為主而活，信徒常常有個經歷，就是心靈願意，肉體卻軟弱，只顧自己和今生。這種內在矛盾很實在，就如〈羅馬書〉所説，在基督徒心中有兩個律，一善一惡（有如俗話所説，裏面有天使，也有魔鬼），二者不停地交戰，甚至惡的律常常制伏及擄掠善的律，叫人不能行心中所知道的善，反倒行心中所知道不應行的惡。人的身體真如保羅所説，對罪每每是明知故犯、是取死（自取滅亡）的（可參〈羅馬書〉7：18-24）！換言之，人性既有光明面，但也有幽暗面，前者常被後者遮掩，令人自私妄為、可惡至極、自取滅亡！

不過，喜訊是上主有赦罪之厚恩，也能幫助人去克服軟弱和惡律的能力。只要人肯承認罪過、選擇良善，並立志一生為上主而活，願意接受祂的管教、引導和培育，便可經歷到祂的恩典夠用，足以包容他本身的欠缺，並且祂的能力亦可在人的軟弱上顯得完全，令他們能超越自己。這種內心善惡並存的情況，即使人信了主，仍沒有改變，改變的是心中因接受救恩而被聖靈重生，並居住在內，不住的提醒、感動和勸慰，鼓勵信徒向善，直到我們肉身歸於塵土，他朝復活成為全新永活的人，所以，我們要明白自己不足之餘，也要倚靠祂來為上主而活！

這三個人生目的的關係及先後次序在信仰上應如何釐清？在這問題上，主耶穌曾說:「你要盡心、盡性、盡意愛主——你的上帝。這是誡命中的第一，且是最大的。 其次也相倣，就是要愛人如己。」(〈馬太福音〉22：37-39）這個取向是信仰最崇高的生活準則，是所有信徒都應該認定和追求的！人若能夠一生先為上主而活，且在這前提下愛人愛己，是很神聖、可羨慕的；但在現世中，能這樣做的具體例子也不多，一般信徒總是在為上主、為己、為人而活三者之間拉鋸爭戰，並且不易戰勝自私的天性，仍然以自我為中心，結果感到矛盾及愧疚！相信上主也明白箇中難處，亦知道人軟弱無力，所以早已為人類之不足及虧欠，安排了耶穌基督代死、贖罪，除去罪責、罪咎，也給人一生悔改、學習、更生及服事的機會及出路。我建議信徒當首要考慮「為上主」而活。上主雖然仁愛，人仍要作出抉擇，先要選擇上主、選擇永恆，再選擇愛人、愛己作為人生目的才好！

三選一？還是三合一？

上述這三個生存目的其實是個粗略的區分，也是為了討論的緣故而提出三個不同的思想模式。在現實生活中，三者會有許多不同的拼合，或在同一類別中人有不同程度的投入和執著，形成了不同的人生哲學，例如有人會説七分為自己、三分為人，有人會反之，相信只有極少數的人是極端自私或完全無私的，根本這兩者都是難以生存！一般人會「為己」和「為人」而活，並且二者會角力，要在其間找立足點。

在一生漫長的旅程中，人可能因際遇而改變自己的人生目的，例如早年很自我中心的，成長後可以變成關心別人，願意為別人服務，甚至犧牲時間和精神來幫助人。我鼓勵年輕人要放開眼界，突破自己，也多關心別人；我建議更理想的是藉信仰基督體會愛的真理，以此更新及豐富生命；若能在心裏先經歷到上主赦罪救贖的愛、包容忍耐的愛及造就更新的愛，便具備能力去關愛別人、愛惜自己了，正如《聖經》所説：「我們愛，因為神先愛我們。」（〈約翰一書〉4：19）愛可給人動力去超越自己。按我來看，人愈早發現這個愈好！

人須慎始，在規劃生涯之先，我們需要認識自己的人生目的和哲學，要知道出發點不同，人生各方面的目標（或可稱標竿）便不同，要走的路也自然不同、規劃的策略更不同，可謂「差之毫釐，謬以千里」！因此，人在起跑點要作出抉擇，以免浪費精神和時間。在人生目的方面，你會選擇什麼呢？

筆記

為自己： 趨吉避凶，尋找快樂。若能藉他們所投身的事積極影響別人向美向善，甚至為所處的領域犧牲自身的利益，那便不是全為己了！

為他人： 信守人道主義或人本主義，並以此為個人的選向及實踐。這是很高尚的，對社會也有極大的重要性。

為上主： 按着上主的心意好好管理大地及治理教會，作光作鹽，並向祂交代生命的一切。

+ 你可以分辨自己的人生目標中，多少成分是為人？為自己？（要是你是信徒，又有多少是為上主？）

試試以下測試，找出自己的目的所在：
The Passion Test

思考問題

你做人究竟是為了什麼？你現在的生活型態、時間運用是按照這個目的而行嗎？

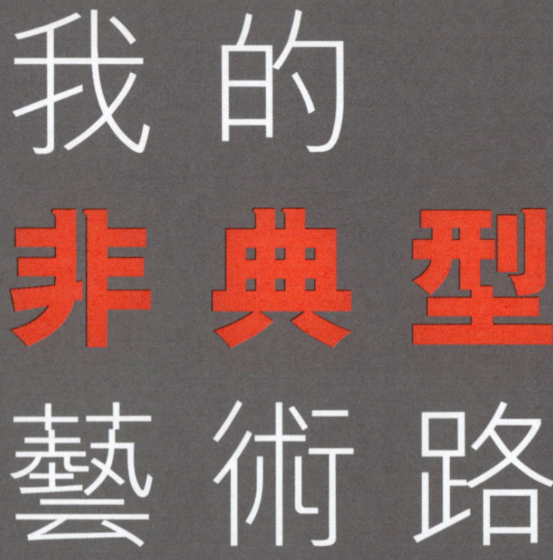

我的**非典型**藝術路

何崇謙博士 / 牧師

從小就喜歡執筆畫線條、畫圖案、畫所看到的人和事，大多數時候都不是胡亂地畫的，我常將日常所見，或者行路時在街上所見的景物，憑記憶畫出來，好讓我眼中可以重溫畫中的片段，自娛一番。由於手好動筆繪畫，我就把家中粉白的牆壁，甚至天花板和有白位的地磚作為畫布。當然最難得找到大而空白的紙張，更使我畫興大作，終日流連於塗鴉的樂趣中。從幼稚園到中學這十多年的光陰，印象最深的仍是作畫為樂。

記得最經典的是在約五歲年間，因父親經常於晚飯後帶我到外祖父的中藥店流連，一天我忽動奇筆（鉛筆），就把看到的整間藥店的內景——拉動抽屜執藥、以天秤稱藥的神態、包藥的動作、買賣的熱鬧情景——繪在一張圖畫紙上，父親目瞪口呆，所以我日後學畫他是十分贊成的。不單如此，我從小就很用心寫中文字，而且愛毛筆書法，常以為自己是仍活在古代的墨客騷人，因字體頗端正，小學時就常獲老師點名在黑板代抄寫課文，當時雖亦感榮幸，但不覺得得意。

奮進藝術路

我從小就不畫火柴人，而且不會先勾勒輪廓然後填色，一畫就是寫實的，或是由色彩的肌理而形成物件的形狀。記得小學一年級的黃老師，問我為何不勾勒輪廓，我說：「真實的物象沒有外圍的框框把它限制，而是由物質的內容充滿而成。」這使我的小學老師吃驚，勸導我日後不要放棄繪畫創作（更有當哲學家的潛質）。在我六年級完成畢業禮那一個下午，他召我到辦公室，手上拿着一張寫上他三位畫家朋友電話號碼的紙：一位是油畫老師、一位是水彩老師、一位是國畫老師。前者於我沒有什麼神秘，國畫就很特別了，於是我選了國畫。老師竟然當場致電國畫老師，替我約定下週就去學畫；他的苦心我銘記至今。我從中一開始至中四的四年，風雨不改，每週末都長途跋涉踏上學畫之路 —— 從筲箕灣走到深水埗。

從 14 歲至 16 歲的三年間，我都參加全港公開青年國畫比賽（24 歲為上限），連奪冠軍，而且在頭一年還摘下全場總冠軍（即在國畫、書法、水彩等比賽的冠軍中選最佳表現的），這增強我對成為藝術家的憧憬。後來進了大學藝術系後，發現有一位師兄也屬同年的參賽者；最近亦在一些書畫展上，認出當年另一位參賽者，現時已是有名的書法家，我就明白這公開賽的成績的確對我們的前路影響重大。

中國書畫藝術一直使我着迷，我立志要成為書畫家，但路途並不順利，第一次考中大藝術系吃閉門羹，因為總體成績很差，而且藝術科成績未見突出，加上從沒有讀過中西美術史知識，特別是中國繪畫史。名落孫山之後我發奮圖強，先在繪畫史上下功夫，日以繼夜，連睡覺時都把先錄下的史料內容放在牀邊播放，邊睡邊聽，結果藝術科拿了個A。在從未修讀過必考的中國文學一科，用同樣方法，也摘下A，終於考上中文大學，過程相當艱辛（其實我還同時報考另一所大專的新聞系）。進了中大以後（當然就離開另一所大專），即朝向這目標進發：雙修術科和美術史科，希望將來能成為穩定又高尚的專業——美術館館長，要達成這願望必須要再考獲碩士博士。因此，大學畢業後我很驕傲的擊敗學校的師姐，在只收一名本地生的政策下我考進了研究院。

遠離藝術？

第一天的研究院生生活，幽默地，就是神呼召我成為傳道人的日子。我在學期間需要兼職文物館的工作，就在進館地庫工作的時候，神藉中國陳舊的書卷喚起我關注中國人的福音需要，心中引發很強的感動和負擔，要走上傳揚真道的路。這當然是一件相當矛盾的事，進入研究院為了追求我的理想，現在心中竟如此快轉變，難道我真的可以放棄書畫創作以及藝術館的工作？這對我也是不可思議的。

果真時日久了，我的心堅定不移，畢業後隨即進入神學院，踏上事奉的路——但我深信為愛我的主燃燒一生是理所當然的，我也深信給我藝術恩賜的神，必然會使用這恩賜完成祂的呼召。

當上帝遇上藝術

神學三年在苦讀中過去；畢業後，隨即被派到澳洲墨爾本作植堂宣教士。由小型家庭查經班開始，經過半年多的努力堂會就成立，工作不易，遇上很多挑戰：不易不是因堂會工作困難，而是整個地區教會文化的壓力，這點不在此詳述。值得回憶的是，當我在尋求出路時，我讀到一本討論神學與藝術的書，心中頓然被燃燒起來。書中不單把藝術與神學的關係，從《聖經》到近代的都羅列分析，書的末段更有深造這門學科的美國神學院的資料。因此，我的心就萌生離開澳洲的意念。

最終我的確進入了這書所介紹的、當時僅有的「藝術與神學」學科的兩所神學院，完成我的藝術神學碩士和博士的學位，回港從事神學教育、牧會、藝術教育，並有空做些創作。

在港期間，除教學外我還致力於教會推動藝術，以平衡教會一向着重左腦的文化。不過這工作做起來十分吃力，沒有什麼回饋和鼓勵。瞬間離開香港 15 年了，最近有機會回港參與教學、講座、展覽等，發現時移世易，藝術的認受性在社會以致教會都提升了很多，不但有機會參與畫展，探望年輕的藝術家，還可在公開場合或大學中演講藝術與神學，是我想不到的。

要感謝呼召我的神，最近，給我機會在公共的視頻中，主持藝術人生與信仰的節目，讓多年的藝術研讀有所貢獻；今年 9 月還在祂的恩典下，與同道創立講道與研經學院，在教講道和神學的課程中，配合繪畫藝術作品作嶄新的探討，證明神一直在我生命中的看顧與供應是何等真實。

經商教學、育人立己

梁永賢

我任職航空業十數年，負責營運、銷售及市場管理工作，也兼任大學講師，任教工商管理及市場科目與企管培訓工作的碩士課程；同時，亦擔任香港海事青年團（海青）總部訓練處的青少年管理及領導課課程主任。

不相信自己會有這樣的人生

我從不認為自己站在什麼優越的起跑線位置上，三歲時已經喪親，在單親家庭中長大。小學的成績只能以慘不忍睹來形容，罰站、罰抄、記過已是家常便飯。腦海經常浮現很多問題：為何要一早起牀去上學？為何要背書、默書、做功課？為何其他同學可以有零用錢、小息時買汽水零食而我卻沒有？就是這樣，在一堆堆無聊的考試測驗多年伴隨下，我的小學生涯亦告終結，獲派一間當時不知名的中學——崇真書院（其實當時最希望被派進的是它隔鄰的宣道中學！）。

在某年的 12 月 5 日星期二下午四時，貪吃的我聽聞學校舉辦「福音茶座」，參加者每人會獲贈一盒 250 毫升檸檬茶及西餅一件。為了那些免費的飲食，我聽了福音，也信了耶穌，開始見證着祂在我生命中的工作。我變得更愛讀書，由中一的 1G 班（當時是以成績編班，資優者進 A 班，有待改善者進 H 班）躍升到 2B，直到中三時的 3A。甜美的成果不斷為我的人生加添無限動力，到中四、中五，彷彿已找到祂給我的未來及方向。本來缺乏方向的人生，卻蒙祂賜給我一條充滿無限興趣的道路，就這樣，在祂的旨意及不同歷練下，我感到人生充滿動力及生氣。

堅持想法及聆聽內心

高中時，聽得最多的一席話就是「沒有料別扮有料」及「你有什麼資格教？」的確，當時我兼任英文補習工作，切實地「扮」演了英文老師的角色，不清楚當時有否所謂資格去幫別人補習，反正只想努力去準備及講授，起碼「顧客」到最後並沒有離棄。踏入社會，因工作需要而在亞洲地區進行同業的培訓工作，以前扮演老師所需的技巧以及英語表達能力幫助我完成當初及目前階段的工作。

約六年前，我向某本地大學應徵兼職講師的職位，希望可以任教市場學本科生的科目，獲得聘書一刻，感到無限歉意，因獲邀任教的是市場學碩士科課程。那一刻，真感到畏怯！接受還是婉拒？當時只有 29 歲，亦只有數年工作經驗的我，能教碩士班麼？最後，為了忠於自己的想法及做老師的初衷，便硬着頭皮上馬，一教便教到今天。

我的學生來自五湖四海，有操英語的外國人，有的來自上市公司的高層，最年長的學生甚至超過60歲，每次進入教室，都如臨大敵似的。

現在回想起來，如果當初自覺沒有料子或因畏怯而拒絕這一份教學工作的話，我肯定沒有這幾年從教學上得到的知識增長及實戰的經驗。每一位學生（其實是前輩）都比我閱歷豐富及戰績彪炳，在交流過程中，我也從他們身上認識各行各業及職級的經驗，猶如走進大觀園一樣，而我的角色就是協助這班學生梳理工作的經歷，及更新他們對市場學行業趨勢的認識。感恩的是，我深信除了收入增加外，他們教導我的，遠遠超越我所教導他們的。其實這世上沒有人知道自己是否稱職，直至他切實地接受那一份挑戰，並勇於實踐。

清楚自己的目標，奮起而進

每個人都是獨特的，經歷及背景也是獨一無二。這信念給予我們獨特的想法及點子，甚至未來的人生目標。我的志願是什麼？希望可以做到航空業界的老闆，同時在大學兼任教學，直到生命的終結。為什麼想做老闆呢？其實人人都可以做老闆，但是能做到有能力領導的老闆，卻是另一回事。究竟自己有什麼素質可以做到呢？我記得從中學直到大學，每逢要做小組習作及報告，我總會給其他同儕「推舉」做組長。可能因為性急，每次見小組的工作慢下來，甚至停滯不前時，我都有一種按捺不住的感覺，馬上要站出來拆解及推動。在職場工作了十數年，我也累積了一些領導技巧及實戰經驗，在同業中亦看到不同類型的老闆風格，經常會把這些當成個案分析及假設：「假如我是他 / 她的話，我會怎樣領導下屬？」，「假如我是那僱員，我又會有着什麼感受呢？」想得多了，自己便想小試牛刀做老闆。

至於做老師，主要吸引我的是師生的互動及長線關係，並因見證他們進步及邁向自我實現而來的那份喜悅感，教育所賦予我的意義就在於改變及蛻變（change and transformation）。其中有一位重要人物：劉萍老師，確實影響了我做老師的抉擇。她是這一輩子最令我心悅誠服的老師（雖然本人很討厭讀中國歷史）！她很有心、亦是少有刻意經營教學細節的老師。上課時，我完全沉醉於她那表情豐富的樣子及抑揚頓挫的聲線，至今亦借鏡，將她的教學方法用於我的課堂上，令沉悶的理論變得生動起來。

可能是神所給予我作為老師那份使命感：只要是我教的學生，便想負責到底，甚至是終生保用（lifetime warranty）。有時候喜歡一件事及一種關係，很難用三言兩語解説得到。我試問自己究竟有什麼才能天賦去當教師？我想就是上堂時對教學投入的那份熱誠，以及神所賜予的演説技巧，可令學生產生共鳴，而最重要的是那顆心，任何人都可以教授學術知識，但不是人人可將知識轉化為改變及鼓勵人生的能力！

希望由年輕人開始

因為自己有這些經歷，也深信每一個人都擁有最好的條件及深具潛質，我在海青就開辦了領導及管理課程，並獲英國大專院校承認資歷，希望藉課程能訓練青年領袖，影響更多其他的年輕人。這些團員可能在香港教育制度上遇過挫折，覺得自己一無是處，但我確信每個人在一生中，都值得獲取屬於他們的成功及掌聲，所以希望透過訓練協助這班年輕人創造屬於自己的成功故事，並以忠於自己的態度前進。我亦相信，當自己在這條路走到一個階段，祂會準備好另一份優差給我，故此，還要擔心前面的路應怎樣走嗎？

找你的定位

大學畢業後至今已十數年，我都是依着志願繼續走下去。市場學有一個基礎概念，就是無論一件產品或一項服務，都需要找到適合它的顧客羣（segmentation），只要有確切的目標（targeting）及合適的定位（positioning），它就能成功贏得顧客的青睞；不論人生或工作，也應如是。

所以，我想對青年人說：別因別人的意見及對你的看法而把自己人生的步伐拖慢。相反，要忠於自己，堅持想法，為人生負責的始終只有你自己。當機會來臨時，切忌自我懷疑，請相信自己能夠接受到這一份挑戰，因為你是最好的！畏怯，你便輸了！同樣地，我沒有任何理由懷疑上主創造物的質素，祂是美好的，我們任何一個人都是按着祂的形象塑造出來的，都應當是美好的，100% 品質保證！

我的
話劇夢

李慧心

我唸中學時，對戲劇已產生濃厚的興趣，參加學校的劇社，也參與演出。唸大學時，我選讀傳理系的數碼圖像傳播專業。由於熱衷戲劇，畢業後，我在演藝學院的戲劇學院導演系進修文憑及學位課程，之後，便展開我的話劇生涯。在中、小學教授話劇及指導學生演出各種戲劇，包括音樂劇，工餘又組劇團，籌備及演出舞台劇。近年，我更有機會到英國唸舞台導演的碩士課程，是我追夢的其中一個行動。一直以來，我喜歡及投入戲劇，是因它給我完成自己的機會。

夢想不是為實現

説到追夢，實在有很多話可以説，但由於篇幅有限，就讓我寫寫最深刻的一件事吧！由 16 歲開始接觸戲劇，到現在成為舞台劇導演及戲劇導師，我看似夢想已成真，但其實，夢想實現了以後，還是要經歷很多考驗和質疑的。

我曾經嘗試安慰一位朋友，叫他相信自己的夢想，但居然被他反駁：「你不知道自己是一個多幸運的人？這個世界上不是每一個人也能夠實現自己的夢想，很多人都在追夢的過程當中失敗了，你知道嗎？」我有點錯愕，想不到自己本想鼓勵別人追尋夢想，竟然傷害到他的感受！

也許，他只希望我靜靜地聆聽他的心事，並不需要什麼鼓勵。有時候，當負面情緒累積到一個程度，反而聽不進太多正能量的話。

但我也不想話題就此完結，於是補充了一句：「對我來說，夢想不是拿來實現的。」

朋友再反問：「夢想不是拿來實現的，要夢想幹嘛？」

用途就多了。夢想，是人生的燈塔，是指引前路的明燈，也是在陰霾中讓你堅信前面還有路的一點光！在追尋夢想的過程中，你可能會遇到新的夢想，發現新的人生目標，你也可能會遇到你一生最寶貴的朋友，還有你最珍惜的伴侶。

夢想，不是人生的終點站，而是鼓勵和引導你繼續向前走的動力。夢想到最後能否實現並不要緊，但在追夢的過程中，所遇到的人、所發現的事、所感受到的愛，才是人生最寶貴的東西。追夢這回事，重點不在結果，而在過程。

只要信，不要怕，努力去追夢吧！努力爭取，別計較成敗，才是快樂人生最重要的態度。我還在追呢！

第 3 課

請說出你是誰——規劃前先認識自己

上一課提到人要先找到自己生的目的，接着便要認定它，以它為規劃的起點或中心點，然後由裏而外（from the inside out）的原則逐層推展。如果生涯是一個大圓圈的話，生存的目的就是圓心；而在這個大圓圈裏，可以有許多個大小不同的同心圓圈，例如個人的發展（包括學業）、投身的職業、家庭、朋友、教會、社會參與等等，而本書要討論的就是生涯、學涯和職涯這三個同心圓應如何規劃。這些同心圓有許多地方是重疊的，但都以同一個中心點出發，最後也返回這個中心。而由圓心向外輻射的第一個圈應是個人發展，在這個圓圈中，最重要的就是認識及掌握自己，這是個核心區（core），也是規劃各種「涯」的第一步（見頁207）。

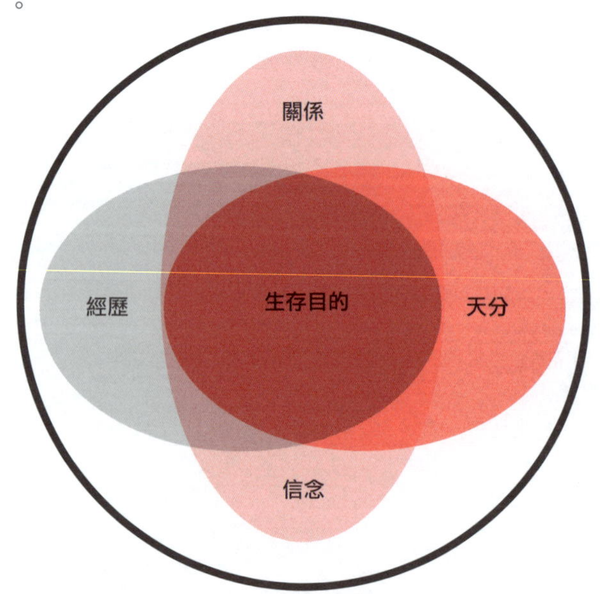

聯合國教科文組織（UNESCO）在上世紀90年代末曾經發表過一份名叫Learning-The Treasure Within（學習——藏在裏面的寶藏）的重要文件[註1]，倡導學習的四個支柱（pillars），應教導學生掌握，而這些都是學生將來賴以生存及生活的重要能力。除學會學習（learn to know）、學會應用（learn to do）及學會與人相處（learn to live together）外，亦要學會成就自己（learn to be），而最後這個支柱要學的就是認識自己、接納自己、珍惜自己及善用自己的賦能去實現自己、活出自己，內容與我們現在所討論的有極大關係，可是在學校教育裏卻較少觸及或關注。所以，我們在規劃各種「涯」之先，應花點時間來好好認識自己。

你有認識自己嗎？

認識自己是個畢生的工夫，不能一次過完成，而認識的層面也分外面及裏面。一個人要認識自己的出生、家庭背景、成長經歷、性情、興趣、智能、強項、弱點等等，因這些構成了他的身分及獨特性（uniqueness）。自我認識從年輕時候便要開始，屬第一個層面，也是較容易做到的。認識自己的重要性

(personal significance)——即生命功用及人生使命——則比較艱難，屬深層的認識，若能做到，並努力去將之實現，人生充實和豐盛的機會便變得更大。認識自己是成就自己(self-realisation)的第一步。

人的身分是由他的過去、現在及將來組成，昨日的我塑造出今日的我，而今日的我亦造就他日的我，人可一面活着，盡心投入其中，一面又可退後一步去看及認識自己，無論裏外，都有可認識的地方，也有不同的角度去了解多一些，例如：

+ 採取歷史學者(historian)的角度，回顧過去的經歷，從中了解自己是怎樣走過來的；
+ 採取素描畫家(portrait-painter)的視覺去捕捉自己的外貌、特徵和氣質；
+ 模仿心理學家(psychologist)，走進自己的內心世界，了解自己的心靈樣貌。

對於自己的種種，人應盡力了解、接納和面對，能與自己打交道，能肯定自己的獨特性，才能把生涯規劃做好。這不是自戀，因自戀的人看不清自己的全貌和位份，也看不清別人，只會自我陶醉或唯我獨尊。

人亦可以讀一些成長心理學的書，多明白一些人類在不同階段的發展，看看自己的發展歷程，哪些是好或順利、什麼地方受到窒礙及需要補足；也可以多了解自己的個性——究竟自己性情是屬內向還是外向、積極還是被動、勇敢還是怯懦的？若明白多了，便可以因勢利導，或以強補弱，令自己更有能量（capacity）去面對人生了，例如當發現自己較內向怯懦時，每逢遇到新挑戰，便要多做心理準備工夫、多考量一下環境、多自我操練，並多借助別人（包括同伴和同僚）的長處來克服或補助本身的弱點。反過來，若自己比較外向好動，又容易結交朋友，不怕考驗，卻又害怕孤單的話，在職場若得到升級要當領導的機會，便要有心理準備在必要時能獨排眾議、堅守立場，也要學習如何獨處，否則便會減低自己領導的效能。

如想再多明白一點自己的強弱，方便規劃的話，除了多閱讀、回顧和反思外，也可以探討霍華德・加德納（Howard Gardner）的多元智能理論（坊間也有不少相關的書籍，例如 Thomas Armstrong 寫，李平譯的《經營多元智能》一書，很不錯的！），了解自己哪些智能（intelligences）較強、哪些較弱，是語文（linguistic）、邏輯數理（logical-mathematical）、音樂（musical）、肢體運作（bodily-kinesthetic）、視覺空間（visual-spatial）、人際（interpersonal）、內省（intrapersonal）、自然意識（naturalist），還是對存有的感悟（existential）呢？智能在不同人身上有不同的拼合，產生不同的強項，甚至才能，例如天生音樂、肢體運作、人際及內省方面智能皆強的人可能成為樂隊的指揮（從我學生〈音樂人生〉的故事中可見一斑），而後三者較強的又會成為武術教練（這方面可看看〈打出人生路〉的故事），語文、邏輯、視覺空間、內省及人際方面智能俱強的人又很有可能會做電影導演（〈你的舞台在哪裏？〉的故事可供參考）。顯然易見，人的興趣應該是來自智能較強的地方，而人若能持之以恆地做他最感興趣的事（doing what you love persistently and consistently），在那個方面，容易會變得精練、成就亦應更大。所以，以發現和認識自己的天賦和興趣作為規劃將來的基礎，是很重要的！反過來說，若因為其他人或社會崇尚某一種成就而趨之若鶩，勉強自己去學一些興趣不大或能力不逮的東西，成就一定比因應個人強項發展為遜，並且按機會成本的角度看，若選了不適當的範疇，會浪費了許多本來可用來發展強項的時間和精力！

坐享其成的天賦與恩賜？

這些智能都是與生俱來的，我個人相信是上主按祂的美意賜給人、分給人，叫人可用來行各樣善事，祝福別人、成就自己！但這不是說先天有的才能便不用後天培育，只要坐享其成便可；上天雖賜給人一定的賦能，但人應盡一己的責任，發掘、發展、發揮它們，好讓世界可以因此變得好一點，例如多了些美好的著作、音樂、電影或社會改革。換言之，從父母所承受的DNA，內裏藏着上主在我們身上的計劃和美意，也塑造着我們的獨特性，但這需要我們正確解讀，並順天應命，善用所有去行事為人！

大衛用了美妙的詩句來形容上主在他生命的設計：「我在暗中受造，在地的深處被聯絡；那時，我的形體並不向祢隱藏。我未成形的體質，祢的眼早已看見了；祢所定的日子，我尚未度一日，祢都寫在祢的冊上了。

神啊，祢的意念向我何等寶貴！其數何等眾多！」（〈詩篇〉139：15-17）對他來說，造物主自他的生命開始已認識他及祝福他，叫他的人生發揮效用。或有人會問：他個人的體驗，其他人可否也經歷得到？若然答案是肯定的，要反問：人應如何回應祂的心意，這些問題實在值得反思！

對信徒而言，除天生的智能，還有恩賜（gifts）這回事要弄清楚：恩賜是上主藉聖靈分賜給信徒的各種能力，例如講道、勸化、治理、醫治、說預言、行神蹟等，好讓他們能服事教會及祝福社會。據我看來，這些恩賜可能與天生的智能有關，也可能是人信主後從聖靈直接得到的特殊能力，例如說方言、見異象、以禱告治病等，為要成就上主在人世特定時空中的計劃。恩賜是聖靈特別為教會這個羣體而賜予的，所以信徒雖各有恩賜，但仍需要各自成為健康的肢體，同時也互相配搭，一同建立基督的身體——就是教會（不單指地方教會，也指普世教會）！因此，個別信徒應尋找自己所得的恩賜，並加以善用。按我看來，這可循智能的方向作初步的探索，亦須謙卑禱告，尋求聖靈的指引。若找到了，便要將所擁有的恩賜挑旺起來，並好好發揮，服侍教會及服務社會，但不要因所得的恩賜多少而驕傲或自卑，因為主耶穌用比喻説過，主人會因僕人的才幹分配資本（指恩賜），有人會得五千両、有人得二千両、也有人得一千両（可參考〈馬太福音〉25：14-30）。但原則是多給誰，要向誰多要，多託誰，要向誰多取（參考〈路加福音〉12：41-48），所求諸僕人的，只是忠心和良善及善用所得的恩賜；所以，恩賜的背後是責任，而恩賜使用與否也會導致獎賞或處罰。因此，信徒在認識自己方面，除上述的心理特徵和智能外，也需要認識自己所得的恩賜，因這些都能構成個人的獨特性、功用及價值。

深層的自我認識

在我看來，深層的自我認識是關乎個人的重要性（personal significance）和生命的功能，人若要認識自我，需要具備一定的心態，就是信心、謙卑的心、對己和對人的愛心及對將來的盼望了！

首先，要相信自己是有獨特性、生存價值、人生使命及成功的可能性，許多時，這不是觀感問題，而是涉及信仰的問題。

人若只信生命是偶然而然、意外產生的，當中並無任何設計或意義，很多時會覺得自己只是宇宙中一粒微塵或如池塘上一朵浮萍，隨機而來、隨機而去，「不帶走一片雲彩」（這感覺雖然浪漫，但卻蘊藏着悲觀和無奈）！反之，人若相信自己是上主有心思的創造，因着天賦與別不同，所以具有獨特性（其實每一個人都是獨特的，前無古人、後無來者！），今生擁有獨特的任務——就是將他的獨特性用之於世，在所處的環境中做合適的工作、也行祂預備他行的善事，令世界因他曾經存在過而變得美好一點的話，他生存起來便會更有方向感、更有重要性和更有力量了。

如何可達到深層的自我了解呢？這要建基在第一層自我認識上，若這一層都搞不清楚，深一層的自我認識便更難做到。人其實可藉由閱讀一些哲學或宗教的書籍或多聽聽別人這方面的陳述和解說為起點開始探索，例如華理克（Rick Warren）在他著的書《標竿人生》（*Purpose-driven Life*）中用了五個英文字母講述上主如何塑造我們的獨特性，以致我們能在今世完成獨特的任務；這五個英文字字母分別是：S，即 Spiritual gifts 的縮寫，代表屬靈的恩賜（上文所討論過的）；H，

Heart的縮寫，代表想望、興趣、志向、熱心等；A，Abilities的縮寫，代表各種的能力（包括上述所討論過的各種智能）；P，Personality的縮寫，代表個性；E，Experiences，代表各種經歷，包括家庭、教育、職業、屬靈、事奉，甚至是痛苦的經驗。這五個字母構成了英文字SHAPE，意即我們的「樣式」，也可以說是獨特性，這個字還可以用作動詞（解作「塑造」）。總意是說，上主在這五方面塑造及預備我們的獨特性及生命功能，讓我們能藉以行各樣善事（包括各種身分、責任及職事），甚至完成特殊的任務，去祝福別人及成就自己在世的價值。他這個SHAPE的說法很妙，可以幫助我們更全面及深層認識自己及自己在世上的功用或使命。

《聖經》充滿上主塑造人去完成祂大大小小使命的故事，例如塑造約瑟成為埃及的宰相，去救許多人（特別是以色列人）免在饑荒中滅絕；也在人生的苦難中塑造摩押女子路得，讓她成為耶穌的先祖；塑造漁夫彼得和約翰去建立初期的教會；塑造馬利亞藉膏主耶穌去表明主的死及被埋葬道理等等。人若可以深層認識自己在上主計劃中的獨特性及人生使命，而又樂意配合的話，相信他心靈裏面會生起一團火，給他熱忱及喜樂奮勇向前，外面環境即使多困難，都不能輕易令它熄滅。《聖經》中的使徒保羅，他忠於從天上領受的異象，排除萬難，將福音傳遍小亞細亞及東南歐一帶，為早期的教會建立更廣更深的根基；本身是猶太人，又曾是狂熱的法利賽人，但甘心樂意成為外邦人的使徒（與猶太人的價值觀截然不同），亦成為外邦信徒與猶太人信徒之間的橋樑，將兩下在基督裏合而為一，更在神學上將舊約與新約連結起來，最終完成上主的計劃及他人生獨特的使命！

自我認識的途徑

除了看書，我們也可以透過靜思、冥想、退修了解自己的內心世界及渴望，並將所領悟到的實踐出來；然後把要點記錄下來，以便日後查考。我想若內省、邏輯及存有智能強的人，在探求這些問題的答案上會較為容易；即使不太強的也要試試及培養這方面的能力，因這與能否成就自己和個人一生的成敗及重要性攸關。以下一連串的題目，不妨自問，希望能有助大家更掌握人生：

1. 我究竟是誰?

2. 什麼事和人塑造我成為今天的我?

3. 我這一生有什麼目的、功用或使命沒有?(這與上一章所談的人生目的相同)

4. 我想要過一個怎樣的人生?

5. 這生過後,我會怎樣?(可能先知死,方知生)可考慮為自己撰寫墓誌銘,想像自己的人生。

若能清楚回答這些問題,有助明白自己深入一點,人若愈明白自己及接納自己,便會更有自信的基礎,這份自信有助其應付不同的處境。不過,自我了解需要頗長時間,因此要給予自己耐性,並多反省。有時人生的際遇亦會令人更深體會自己的強弱及人生抉擇的緣由,所以無論遇到什麼處境,特別是逆境時,要學習視它為增強自我了解的機會。這些自我了解、接納及激勵是與情緒智商(或稱情緒智慧,EQ)有關,應好好加強,也應推己及人,增強同理心及建立和諧及美好的人際關係。還有一個好方法可加強自我了解,就是找一個生命師傅（life mentor），與你同行人生路（或部分的人生路），幫助你看到自己的盲點、給你提供改善自己的意見和鼓勵、也可以作你的榜樣去追求標竿人生！

請你好好生活

除了認識自己天生的獨特性和價值外，人更需要建立正確的信念、價值觀及生活習慣（這些也構成個人後天的獨特性），才有利於規劃生涯及落實規劃。

霍華德・加德納認為人單單具備天生的智能並不足夠，還需要剛毅的精神（grit），不斷去鍛煉及表達自己，才有成功的條件。他後來更和同僚在著作中倡導精英（在專業上表現優秀超羣的，他們以醫學和傳媒的從業人員為例）必須加上善行（good work）——就是對社會及人類文明負上道德責任才好[註 2]！

至於建立良好的生活及思想習慣方面，史蒂芬・柯維（Stephen Covey）有很好的論述，建議閱讀他的書《與成功有約》（*The 7 Habits of Highly Effective People*）及《第 8 個習慣》（*The 8th Habit: From Effectiveness to Greatness*）。他提到人成功是一個

由內而外（from the inside out）的過程，由信守一些普世價值開始，先要建立積極進取（be proactive）、以終為始（begin with the end in mind）及要事為先（put first things first）的個人習慣，進而建立先聽後説（seek first to understand and then to be understood）、雙贏思維（think win-win）及建立共力（synergize）三個與人共事所需的習慣，最後更要習慣經常更新自我（sharpen the saw）。

這些都是十分良好的生活及待人處事習慣和策略，對規劃人生及落實規劃都很有益處。史蒂芬・柯維晚年更提出第八個習慣，説高效能的人（highly effective）會找出個人存在的意義或重要性（personal significance），並啟發別人去尋找他們的生存意義（Find your voice and inspire others to find theirs.），這個習慣又與我在本章所討論自我認識的內容互相呼應，不過他更進一步談到推己及人的道理；人不單要自己找到生存的目的，也要鼓勵別人這樣做，才毋負生命。

定時歇息靜思

在認識和更新自己方面，有一個畢生受用的習慣也要培養，就是定時鬆弛和反思。史蒂芬·柯維在上述的第七個習慣中也有提及，對生涯規劃而言，尤其有意義。如果能自小養成每天有段獨處的時間（約十數分鐘），學習怎樣用深呼吸及專注或正念（mindfulness）來放鬆自己，然後聆聽自己內心的聲音，有助我們在十分忙亂和緊張的生活中，多點明白及體驗自己的存在、感受、思想及行為，也多點清楚及認定自己的方向，這樣做可避免愚昧、迷惘及盲動，對「三涯」的規劃及落實，也有莫大的裨益！身心的放鬆更有利創意及直覺的萌生，也有助處理生活和工作上的壓力、挫敗及阻攔。這種歇息和靜思並非奢侈品，而是現代人保持身心健康、人格整全的策略，也是人生致勝之道之一！另外，在這個煩擾忙亂的世代，若能保持作息有時，並培養自己的興趣，工餘定期有康樂或減壓活動，努力維持工作和生活之間的平衡（work-life balance），也是為走漫長人生路創造一個必要的成功條件。

信徒都知道詩篇裏也有這一句話：「你們要休息，要知道我是神。」（〈詩篇〉46：10）「休息」英文譯作 still（即靜止）或 get out of the traffic（*The Message* 翻譯，即遠離繁囂和忙亂），意指人需要靜下來、退下來，心靈才有空間可領悟有關上帝的事——這也包括祂在你生命的旨意及安排。上主認識我們，如同牧羊人認識自己的羊，並按名字召喚我們，領我們走生命的路（請參〈約翰福音〉10：2-5），我們要安排時間和空間（包括心靈的空間）來聽聽祂的聲音及召命。主耶穌也為我們提供了一個好榜樣，祂雖然是上帝的兒子，也清楚自己在世的使命，但許多時仍獨自走到野外，尤其是在清晨，去禱告和默想，與天父保持密切的關係，認定方向及更新力量。

擺脱喪屍人生

先好好了解自己是個怎樣的人，並學習掌握自己，才能有效地規劃人生、完成自己的人生目的及使命，並活出自己的人生哲學；反之，活着便會漫無目的，做人亦誤打誤撞，會浪費許多光陰和精力，像個機械人或電影中的喪屍，沒有自主，也無知無覺，失卻了人生的意義、樂趣和成功達標時的興奮！

註 1：Delors, J., Mufti, Al., Amagi, A., Carneiro, R., Chung, F., Geremek, B., and others.(1996). *Learning: The treasure within — Report to UNESCO of the International Commission on Education for the Twenty-first Century*. Paris: United Nations Educational, Scientific, and Cultural Organization.

註 2：Gardner, H.,Csikszentmihalyi, M. and Damon, W.(2001). *Good Work: When Excellence and Ethics Meet*. NY: Basic Books.

筆記

認識自己：

+ 歷史角度：回顧過去。
+ 畫家方式：捕捉自己的外表特徵、氣質。
+ 心理角度：探索自己的內心世界。

有助認識自己的書單：

+ 區祥江：《生命軌迹——13個助人自助的成長關鍵》。香港：突破出版社，2007。
+ 蔡元雲：《敢夢想飛——Young life召命導航手冊》。香港：突破出版社，2011。
+ 伍詠光：《勇敢做自己》。香港：突破出版社，2016。

筆記

深層的自我認識

1. 我究竟是誰？
2. 什麼事和人塑造我成為今天的我？
3. 我一生有什麼目的、功用或使命沒有？
4. 我想要過一個怎樣的人生？
5. 這生過後，我會怎樣？可考慮為自己撰寫墓誌銘，想像自己的人生。

獨處練習

+ 試試暫停滑手機，先是5分鐘、10分鐘、15分鐘，每天做30分鐘。
+ 伸展運動、找個視野好的地方靜靜待着，用一本記事簿寫下自我對話的內容。
+ 試盤點自己的資源：你是個怎樣的人？有何優點缺點？長處短處？

思考問題

1. 請回答「我是誰？」這個問題10次，並將答案寫下來。
2. 可否想想上述第二至第五條問題，然後將答案寫下來？

音樂人生

陳嘉健

我是一位管弦樂器導師，也是一位管弦樂團指揮。日常工作除了教授音樂外，在教會中也擔任樂團指揮等聖樂工作，但我想也沒想過音樂會成為我的工作，甚至影響我的一生。

許多人會問我是否自小接觸和喜歡音樂？我的答案是：「否！」相反，自小我只醉心運動，對於音樂毫無興趣，小學和初中上音樂課時，完全不留心。有些多年沒見的中學和小學同學得悉我從事音樂方面工作時，感到十分驚訝！其實連我自己也難以置信。要不是神在我生命中動工，我才不會有這翻天覆地的變化。

無結他的結他導師

回想少年時期，我在一個佈道會中決志信主，開始上教會。由於我上的教會較現代化，所唱的詩歌我也喜愛，令我對唱歌和音樂產生了興趣。我愛唱詩歌，但卻不太領會歌詞的意思，也許只是愛唱歌而已；但唱詩歌時，心中的平安卻令我感受十分深刻。在一次偶然機會下，我看到一位弟兄在教會的讚美和敬拜中彈着結他唱詩歌，心中便禱告，求神給我有機會學結他，並向神承諾，如果我有機會學懂彈結他，我必會用來事奉祂！真想不到這就成了我音樂人生的開始。

我當時並沒有錢付學結他的學費，甚至沒有錢買結他。於是我禱告，求神幫助我，想不到不久便有一位朋友送了一支陳舊的木結他給我。這支木結他雖然陳舊，但調音後也可以彈出動人的樂音，陪伴我走過不少歲月。我沒有資金去上結他課，唯有努力自學。我想出個好辦法，就是每晚靈修都用結他讚美。開始時連一粒音也不會彈，但我堅持用所懂的去讚美神，相信祂必悅納。就這樣連續兩、三年每晚用結他唱詩讚美，技巧亦因此進步不少。

我對音樂漸漸產生興趣，也開始愛上管弦音樂，但實在沒法子籌措足夠學費上管弦樂的課，我心中又禱告求神給我機會。有一個晚上，禱告後我靜下來，希望神給我答案，祂沒有對我說話，但我忽然注意到手中的結他，亦突然想到如我能教結他，便可以有學費去學管弦樂器了！因此我努力自學結他，也看書去增進音樂知識，不久我便開始個別教授結他，也開始在社區中心教授結他班。當時我只有 17 歲。後來我用教結他的收入去學習大提琴、單簧管等管弦樂器，現在也教授這些樂器。這一切我做夢也沒想到，深信恩典都源自神！

夢境成真

教授音樂的路也不是一帆風順，也面對很多的挑戰。2003年我成立了自己的音樂中心，開始全時間教授管弦樂，當時我只有資金租一個一百多呎的小單位來教授音樂，但我心中卻有一個夢想，就是能成立一個管弦樂團，我認為學習音樂如不能合奏，實在太可惜了！我向學生的家長分享這個夢，換來的只是取笑，記得當時有一位家長笑着說：「不要開玩笑了！你們的單位四個人也容不下，如何能成立樂團？不要做夢了！」當時我很傷心，但這沒有叫我放棄夢想，相反我更努力去證明這想法沒有錯！

後來我終於在2003年成立了迦南管弦樂團，動力是來自對音樂的熱誠和回應。在我自己音樂的成長過程中，最令我成長和享受的就是合奏，因此我堅持在音樂教學中加入樂團合奏元素。成立初期，樂團只是由幾個人組成的樂器小組，但我深信音樂必須堅持才會有成果，於是多年來，默默地做好音樂教學，也享受教學的過程。在樂團成立初期，找練習場地也很困難，我們只能在狹小的教室練習，但同學們因為熱愛音樂，也不介意地方狹小。後來樂團人數漸漸地增長，我們再遷往較大地方，經過三次搬遷後，現在我們的音樂中心可以容下三十多人同時練習了，這實在是意想不到的！團員也在技巧上漸漸成熟，不但熱愛音樂，亦享受合奏過程。

到了今天，我們已是一個有 60 人之多的樂團。這件事再次印證學習音樂不但需要熱誠，也須要堅持。現在樂團的目標不但要致力奏出優美的音樂，更盼望藉音樂帶給身邊的人快樂和喜悅，所以樂團會到不同的地方，例如老人院、醫院和教會等地方演奏，願意參與的團員不但學會演奏優美的音樂，也學習活出美好的人生！我最大的願望是，每個學員都善用他們的生命去演奏音樂，也演繹自己的人生。

回看過去，要不是神的恩典，我早已放棄音樂、放棄夢想了！要達到夢想，我們必須歇盡一切，將它實現出來，不要把目光停留在困難之上，要放回夢想之中；也不要糾纏在過去的遺憾，要好好把握今天、珍惜今天，向着未來的標竿直跑！夢想就在不遠處。

打出人生路

陳厚誠

談到學拳，自 7 歲開始我學習中國功夫，9 歲時巧遇我的師父 —— 潘振昌師父，跟他學習跆拳道。小時候的我，學業成績不錯，同時亦很愛玩樂，對跆拳道興趣班，也只視作遊戲，輕輕鬆鬆的渡過。奈何家境不算富裕，12 歲升中後因家境問題，決定停止修練跆拳道。

到了中三那年的暑假，有一天心血來潮，想去探望一下師父，湊巧的是，那明明不是上課時間，但師父卻在館內工作。寒暄過後，師父問我：「為何當年你姐弟倆突然在道場人間蒸發？」我仔細一想，決定將整件事和盤托出。師父聽罷，就毫不猶疑地說：「好吧，我不收你學費，決定將你培訓成一個獨當一面的教練，要是你答應，9 月學校開學後的星期六便開始上課吧。多學一門手藝，對你也不壞！」當時沒馬上答應，心裏卻是很感恩，自問不是天資聰穎、身手敏捷的學生，但師父竟肯如此苦心培育，我認為值得一試。

我的跆拳道歷程，也許是由這個誓言正式開始吧！每個星期我都會堅持上課，風雨不改，一邊學習，一邊協助教課及管理道場秩序。連我第一次考黑帶段位，也是師父墊支費用給我去考的。當然我也不負所託，以全場考生最佳的成績考上。同時，在學校裏，我成績保持中上水平，更是領袖生、制服團隊總隊長及學會主席。若兩面都要兼顧，必有一失，我考慮到長遠發展，於是選擇了跆拳道，學會等工作僅能做份內事便要作罷，即使被人批評，也只能一笑置之，我很清楚自己想要的是什麼。

堅持是武術的精神

2008 年中五畢業後，去了一間潮州粉麪店做廚房，晚八朝六的工作。縱使如此，我跟師父的約定也堅持着，縱使會睡眠不足，還是堅持上課。之後，也轉過一次工，這次工作時間完全不配合，但哪怕工餘只有半小時，我也會去進行訓練，不會被任何藉口妨礙我履行約定。

在整個歷程中，我考獲各種國際資歷，包括國際教練、國際裁判資格等等，隨後也代表香港參與過兩次亞洲賽，還有其他國家的本地賽，都打進過三甲。較諸外國的賽手，香港人的操練時間算是很短，我曾經問過日本隊的成員，他們說日本人每週操練最少 12 小時，在香港算是勤奮的我，也僅僅是他們訓練時間的三分之一，要取得好成績，除了師父的培育外，也需要自己更加努力才行。

往後的日子，我一直默默地磨練自身技術，按師父的指示參與各級國際賽事，也曾獲國際跆拳道聯盟總裁崔重華師父多次稱讚我技術不錯，非常值得自豪！時光飛逝，24 歲的我，已考獲黑帶四段國際師範資格，外面能持有這個段位的，普遍也是 30 多歲的人！

考獲這些資格，又過了數個月，師父對我說：「當年跟你承諾過的，我都為你達成了，你也應該開始培育自己的徒弟了！」

於是我成立「香港承源跆拳道會」，之所以取名「承源」，正是「承繼源頭，飲水思源」，教拳的同時，也要記念師父的培育之恩。作為最年輕的師父、最年輕的館長，壓力一定存在，但我也尋找各種方法去紓解，在師父身邊學習更高水平的技術，並開始學習管理拳館。為了更好地兼顧工作及教課，我選擇了物流業，因為上班時間朝九晚六、逢公眾假期休息，方便我外出教課。

意外的打擊

在 2015 年的黑帶大賽暨港隊選拔賽中，我遇上一個比我高一個重量級的對手，也意外被踢斷了右手尺骨，隨後要動手術鑲鋼片，這是我習武生涯最嚴重的一次受傷。「剛完成一個小里程碑的我，前途難道就此結束？」在病牀上我一直反復思考這問題數天，我的結論是「還要拚下去，不能讓九年來的努力白費！」

出院後，即使醫生明令不能讓右手負重，我還是在情況容許下進行訓練，每日也堅持完成物理治療，連物理治療師也驚歎我康復進度飛快。傷後右手再不能承受大的衝擊，也應避免正面撞擊，周遭的人也建議我不要再跟人打得太多，但我覺得適可而止便可以。這事也讓我清楚理解到傳承的意義：自己既然不能太拚命，就應該培育更多弟子，將自己的想法傳遞給再下一代。

在傳承的過程中，有不同年輕人跟我學拳，每種學員的心態也不一樣，也有令人苦惱的學生，不過，我相信「沒有教不好的學生，只有教不好學生的教練！」我深信總有一天，我能以一種正面心態，通過習武帶領他們成長。展望將來，希望還能繼續為傳承一門技術和精神修養，培育更多優秀的弟子而努力。

「人生在世短短一百年，在歷史的洪流中只不過是一瞬間的事情。物質是會變化和消失的，而精神卻是永遠不滅的，對人來説，最重要的不是物質，而是想為人類的福利該留下什麼樣的精神。」──崔泓熙將軍《跆拳道百科全書》

你的舞台在哪裏？

陳詠燊

還記得中學時代，我是一個唸書成績不太好的傢伙，自信心很低，朋友也不太多。我沒有什麼嗜好，唯一比較喜歡的就是看書與寫作，那時，我還沒有要成為一位「電影編劇」的念頭，有的大概都只是希望可以成為一位文字創作者而已，至於要創作什麼？則未有想法。

中五畢業後，我考上工業學院（即現在的 IVE）唸會計（對，是與理想完全風馬牛不相及的東西！），可能因為英文底子打得不太好，於是在那些關於商業的課堂上，我全都在打瞌睡，卻把所有的精神時間都放在搞戲劇學會（Drama Club）。那時，我們一年平均要演兩、三齣劇，每次要創作劇本的時候，大部分同學都會你推我讓，唯獨我在那刻好像對創作充滿着飢渴一般，永遠都是第一個舉手爭着去寫，終於我就憑着四個亂寫一通的劇本，考進了演藝學院的電影電視學院，主修編劇。

走進馬圈的寫作人

演藝學院那三年的學習對我影響很深，我由一個長期成績包尾的被遺棄者，蛻變成一個成績前列的「高材生」。我寫的劇本取得不錯的成績，也有不少的同學會主動來找我合作。那時候我更加明白，一個人最重要的事，就是要找到屬於自己的舞台，到那個時候，你才會尋回自信，尋回那個真正的自己。

2000 年我從演藝學院畢業，之後順理成章當上電影編劇。頭幾年的發展都不錯，參與了十多齣商業電影，票房都很好，算是同屆同學中發展得比較順利的一個。那些年工作壓力很大，面對着業內很多高手，感到自己看得比別人少，想得比別人慢，不過當自己真的喜歡那個行業，遇到高手時，很自然便會將對方的優點視為學習的目標，讓自己愈戰愈強，並咬緊牙關撐過去。大概到 2006 年左右，香港的電影人突然大舉北上，香港的工作機會突然一下子失去了一大半。我對北上工作不感興趣，於是毅然離開了電影圈，最後加入了香港賽馬會，當上賽馬電視節目監製。

當監製的薪金不錯，坦白說若我肯慢慢向上爬的話，要成為我們口中那種中產階層，應該指日可待。可我愈做愈發現，我還是喜歡寫劇本，喜歡拍電影，我的舞台不在那裏！但我那時已成了一位父親，負擔着一個家，總不能說句再見便離職吧！那時候，我知道自己需要的是一份可以供給我有穩定收入，又容許我以兼職身分從事電影工作的正職。

回到專屬的舞台

大概2014年左右，幾經辛苦找到了一份理想的工作，就是一個電影學院的教席。於是我一邊教學，一邊重回電影編劇的工作崗位。

又再過了一段時間，我拿着很多很多年之前寫下的《逆流大叔》電影劇本到電影公司推介，終於獲接納，亦首次當上了電影導演。

能回到自己的舞台，便要把握好每次演出的機會。有人說，香港電影愈來愈難做，我當然知道；但有些事情，再難也要做，就是要寫好每一個劇本，拍好每一齣戲，重質多於量，讓每套電影變得更精品化，更精緻。這應該是香港電影，以至我個人未來最應該走的路！

每個人對成功的定義都不同，然而，對我而言，今天總算能站在自己的舞台，做着一些自己喜歡的事情。你呢，你的舞台又在哪裏？

第 4 課

路要怎麼走？——規劃生涯

在三者之中，生涯最難規劃，是最複雜，牽涉的範圍也最廣，生涯包括個人成長、家庭生活、社會參與及教會事奉，當然也涉及職業及學習方面，但這二者將在接續兩章分別討論，這章先談生涯規劃。

要規劃生涯先認識人生的階段

規劃生涯可由明白人生不同的階段開始。人生粗略地可分成幾個階段：幼年期、青年期、成年期、壯年期、退休期及晚年期，而每個階段都有成長的機遇和障礙。帕克・巴默爾（Parker Palmer）曾用春、夏、秋、冬四季（是季節之間明顯有別的那種）形容人生的階段[註 1]，每一季都有其特性和作用、有其美，也有其不太美、但仍有作為的地方，例如春天是百花含蕾，潮濕侷促卻是大地恢復生機的時節，而秋天是結實纍纍、燦爛美麗（尤其在較北的地區），但也是開始衰殘及收斂的季節。他的文章把四季比作人生，描述得很有寓意，從中可得到不少啟發，值得一看。

若從階段的角度來看人生，規劃生涯就是要把每個人生階段，視作下一個階段的跳板或踏腳石，令人可朝向終極目標走去。不過，人的成功又不像季節，可自然成事，人要努力才行，每塊石都要鋪得好、人才能踏得穩前進；一個階段若有閃失，下一個階段便會受影響，許多時要很努力才能追回所失。

如要成功地活過每一個階段，便要明白所處的階段本身的特性及要求，同時也要知道下一階段的特性及要求，早作準備；例如在年輕的階段，人要明白自己正處身一個求學、尋索、嘗試、反叛及爭取獨立的階段，上一代對他們有期望，自己本身也想有好發展，但又發現力有不逮、志大才疏，想去拚搏，不時又覺寸步難行，人會反反復復，像春天在滿路泥濘上走一樣。

這個起步的階段若處理得好，會為下一個階段奠定基礎。一般而言，下一個階段就是開展事業、成家立室的時候，像人生的夏天，由初夏慢慢的發展到盛夏一般。這個階段所要求的又與前一個階段和下一階段有密切關係，就像農耕一樣，在春天若播種計劃不好，夏天穀物便難茁壯成長，更遑論秋天有美好收成、冬天可儲存種子靜待春天再生了！所以，做人要前瞻，例如在壯年階段，便要為退休做好準備，不單是在物質上，也是精神上的準備，以免措手不及。

人要知道四時是自然的定律，不可任意違背，不然的話，便會招致損失。當農夫的，更加需要服從這個定律，視之為農耕的定律（agricultural laws），凡事要循序漸進，不能揠苗助長，也不可以閒懶或希望僥倖過關。耕耘除了望天打掛、祈求風調雨順外，更要規劃好及不斷勞動，才能獲得美好的收成！生命也如耕作一樣，應服從定律，好好規劃及踏踏實實地向前邁進才好，不要想走捷徑、輕視規律或跳過應做的步驟去達致成功！

規劃的步驟

說了一大堆有關基本態度的話，是時候回到討論規劃本身了！為幫助大家具體地規劃將來，在此順序提出五個問題給大家反復思考：

1. 什麼是我人生的目的？具體來說，什麼是我在人生各面的標竿，例如個人、家庭、工作、社會及教會？

2. 倘若能夠達到這個目的和這些標竿，我想像（visualise）自己在各方面會成為一個怎麼樣的人？

3. 我可採取什麼策略（strategies）來達到這目的和這些標竿？

4. 在目前的人生階段，我可以擬定什麼具體行動計劃（action plans），而這計劃的成敗又對下個階段會有什麼影響呢？

5. 由此刻開始，我該踏出怎樣的第一步，向着所定的長遠人生標竿走去？

如想規劃得好，便要認真、清楚及具體地回答這些問題，並將答案寫下或繪畫出來，作為你計劃的初稿，以便日後覆查及修訂。

目的相同標竿不同

規劃就是要由個人人生目的開始，然後按對自我的了解去確定具體的人生標竿，例如一個為己而活，又自覺天賦藝術細胞的人，可能會選擇以藝術美化人生，當個藝術家（當然最好是當個成功的）作為人生一個重要的標竿。而另一位願意為上主而活而有藝術天分的人卻會以藝術明道，宣揚祂的美德為人生標竿；又例如另一位願意為上主而活的信徒，因深信人生是要明白及推崇真理，也體會自己有藝術及教導勸化天賦，會選擇藝術教育、當個美術或視藝科老師為人生重要的標竿。所以，人生除目的外，亦有關乎個人發展、家庭生活、事業、學習、社會參與，以及教會事奉各方面的標竿，但各個標竿都應連於目的，即以同一的人生目的為中心點，例如在榮神益人目的的大前提下，人可按自己的獨特性定出個人發展、事業、學習、社會參與及教會事奉方面的標竿，而各方面的發展其實都要與人生目的配合及將之體現，例如以攝影為事業的，可能會想要達到為己（維生及實現自我）、為人（為人留存美好的回憶）或是為上主（發揮祂所賜的天賦，造福社會教會，利人利己）而活的目的。在落實人生目的時，各方面都必須協調，例如事業與家庭、學習與教會事奉之間要平衡，或說各方面的標竿要互相配合（當然不要單為己而活）。

確定了大及小的人生標竿後，可想像一下達到這些標竿時自己會變成什麼模樣，無論在品格、成就、家庭、事業和社會，及至教會上，自己會在什麼地方進步及表現超卓，這樣想是要給自己一個清晰的願景，作為努力的目標或標竿。我有位學生很年輕便對自己的人生定下了目標，也有些規劃，雖未周全，但相信他會向正確方向走，他的故事（〈經商教學、育人立己〉）也值得看看。我自己廿年前也寫下自己的人生使命宣言，列出一系列的標竿，作為自己努力的方向（宣言在頁242，有興趣者可看看上主在我身上的導引和恩典），之後亦曾按人生不同的變化修改內容，但目的卻盡力保持不變；至今很感恩，因其中有許多標竿已落實，如詩歌《全因為祢》唱頌主恩一遍！

定了標竿後，便要思考達標的策略，包括應該學些什麼和做些什麼事才能令自己更有可能達標。策略也指行動的方向及模式。向前邁進是必然的，但前進的模式可以是直線或是迂迴的，可以是一氣呵成或分階段演進，例如以服務社會為人生重要標竿的人，可以透過直接考進學院修讀某個專科或進入職場邊做邊學，再爭取資歷落實目標。定策略時，也要儘量全盤考量，例如個人對事業的追求，須包括對健康、靈性及家庭影響的考量。有了策略，便需要具體的行動計劃了。

行動計劃包括許多元素，例如所需投入的資源（如時間、金錢、工具、人脈關係等）、時序、路標（milestones）、死線等等，要仔細思量。這個舉動其實是一個思考及心理訓練過程，讓自己熟習一下做計劃是怎樣的一回事，並可隨機應變。行動計劃也跟人生階段有密切關係，但先要着眼在目前的階段，作出規劃，然後再放眼將來，看目前的計劃與將來要達到的終極標竿是否連成一線（alignment）。

有了計劃，接着就是要行動。邁出第一步是很重要的，不要拖延，要盡力去做，若產生向前的推動力（momentum），便有機會再做下去，以致成功。行動也須不時評估及按實際需要修訂計劃，但無論如何修訂，都不要偏離自己的人生目的。

這些問題牽涉的範圍很廣，層次也不少，未必能夠一次便完全回答到，但答案又不能夠拖得太久，免得自己長期停留在一個游離或懸空的狀態，人只活一世，愈早弄清楚應走的路、應做的事，應愈有利。最好利用假期去退修，專注及全面地思考一下。若能找到導師或有經驗的人傾談一下你的想法，會更好，可將初步的構思告訴他，聽聽他的意見，再修訂或補充自己的想法，也是個較周全的做法。

有方向，仍須隨機應變

由於人生多變、社會也多變化，即使確定了目的和標竿，但在制訂策略和計劃時，不要訂得過於仔細，過於具體，適宜按照所訂的目的和標竿確定落實的大方向，然後隨機應變、靈活變通，但人生目的始終要保持如一。舉例來説，若你確定祝福別人是自己人生目的，而從事教育又是適合自己個性和天賦的標竿，可採取的策略便包括接受學術的訓練、教育的培訓及爭取實習和考察機會，旨在成為一位專業的教育工作者。按着這個策略，可定下的行動計劃便是投考大學和師訓的機構，求取老師的資歷。倘若當前的社會環境變遷了，令教師供過於求，便要變通，可能要轉去從事其他相近的工作，例如輔導、發展網上教育、開辦私營的教育機構、做業餘功課導師，或參與學校的行政工作等等，無論做什麼，目的都是讓自己留在教育的圈子裏，俟機而動，期間更要努力保持初心、不斷反思、找適當的人諮詢，以及努力作工、建立自己的專業素質及績效（track records）。

S 形人生之道

有另一個概念也想與大家分享，是關於人可如何更新、延後衰殘的方法，那就是 S 曲線（sigmoid

curve）的概念和實踐，可將「自我更新」的想法更具體化。

一般人看人生只是一個興、盛、衰、亡的過程，像春、夏、秋、冬一樣，是避免不了的。S 曲線告訴我們事情也有興盛衰亡的階段，但倘若我們機靈及肯前瞻，在適當的時候作出部署及行動的話，便可以更新、持續向上發展及延遲衰敗。秘訣是當事業或所作的事工發展得好及開始有成就的時候，就應該開始去為將來引入新的想法或意念，讓自己學習新的事物，並及早做好轉型或改變的準備，尋求新的發展和成就，直到下一個需要再思考開始新發展的時刻臨到。下面的圖表可幫助大家了解多一點：

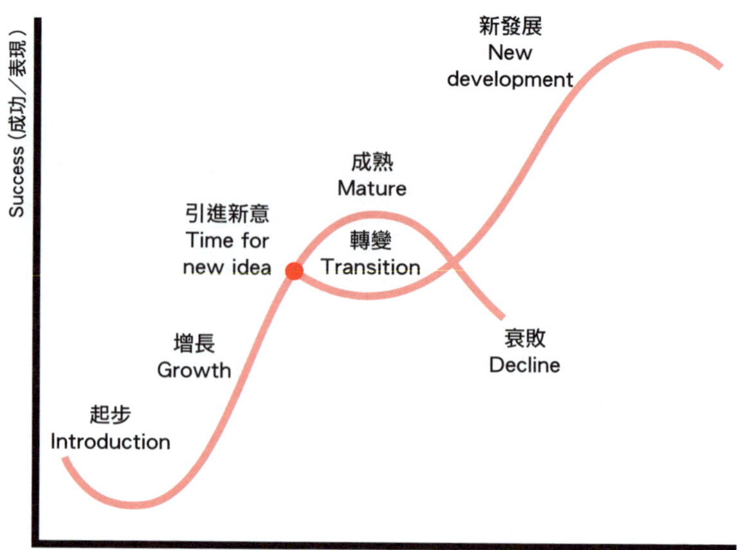

也可舉一兩個例子來說明，例如一位老師教學已漸臻成熟，成效也愈來愈好，由於預計自己的心志日後可能會因自滿或因循而消沉，所以在這種情況未發生前，便嘗試去學習新的教學方法，或去學習當學科的領導，甚或走出學校去開辦科目的學會，藉以保持活潑的心志和教學生涯。又例如一位公司行政官，當事業正走向高峰時，便開始去計劃及開始新的嘗試——可以是尋找新的生產方式、基地或市場，也可以是預備開展第二個事業，例如進大學教學或發展行內的友師（mentoring）培訓計劃，令自己離開職場或退休時有所寄託和投入。

我們若能這樣做，按時更新，人生便可以避免過早衰落，人年紀雖會老，但心境仍可以不老，依舊保持活力了！保羅在《聖經．哥林多後書》4 章 16 節也是這樣說：「所以，我們不喪膽。外體雖然毀壞，內心卻一天新似一天。」當然，從生理的角度來看，人終歸會衰殘，亦會死亡，S 曲線可顯示的更新行動的次數（尤其是大型的），一生亦未必容納很多次。人總會進入走下坡的階段，但在終極一刻臨到之前，若按這理論及《聖經》的啟示去規劃，人一生還是可以有不同自我更新的經歷，可活得更豐盛，祝福別人、成全自己，也可以更有條件秋收冬藏，留下美好的種子，讓後人再生和發展了！

何不坐言起行

要智慧地規劃生涯，人需要一定的成熟度，要知己、也要知命。不過，若肯着手開始規劃，本身就是一種邁向成熟的表現，而努力去落實計劃及在其中應變，更可催人成熟。我鼓勵年輕人好好開始規劃自己的人生，也要鍛煉自己，不要因覺得麻煩而將事情推遲。人力雖然有限，未必能主宰命運，但仍有責任面對人生，中國人常說：「盡人事、聽天命」，也說「謀事在人、成事在天」，實在有道理，如果能與天配合、樂天知命，是件美事！《聖經．箴言》3 章 5 至 6 節也這樣說：「你要專心仰賴耶和華（上主），不可倚靠自己的聰明，在你一切所行的事上都要認定祂，祂必指引你的路。」

註 1：Palmer, P. J.（2000）. *Let Your Life Speak: Listening for the Voice of Vocation*. San Francisco: Jossey. Bass.

筆記

規劃的步驟

一、先問自己以下幾個問題

1. 什麼是我人生的目的，具體來説，什麼是我在人生各面的標竿，例如個人、家庭、工作、社會及教會？
2. 倘若能夠達到這個目的和這些標竿，我想像自己在各方面會成為一個怎樣的人？
3. 我可採取什麼策略來達到這目的和這些標竿？
4. 在目前的人生階段，我可以擬定什麼具體行動計劃，而這計劃的成敗又對下個階段會有什麼影響呢？
5. 由此刻開始，我該踏出怎樣的第一步，向着所定的長遠的人生標竿走去？

筆記

二、定下策略和行動

+ 如時間、金錢、工具、人脈關係等、時序、路標、死線。
+ 試想想你要達到自己的目標，現在會有什麼障礙？

三、隨機應變

+ 當事業或所作的事工發展得好及開始有成就的時候，為將來引入新的想法或意念。
+ 及早做好轉型或改變的準備，尋求新的發展和成就。

思考問題

請將本章所提及的五個問題思考一下，並將答案寫下來，以便日後參考及修訂。

覺悟了的
毅力龜

孫澄

與其説我選讀了電影，不如説成電影選擇了我。我是以後備生身分入讀香港演藝學院，修讀電影的。

小時候總會想像成年後職業會是什麼，基於自己對科學的興趣，曾經想像投身科學界，但又覺得「成年」這兩個字，距離自己太遠，倒不如及時行樂、「玩返夠本」。我抱着這種思維，到會考時終於受到教訓，很幸運，這個教訓並不算很大，當時母校收我為重讀生，次年在會考分數僅僅符合標準下升讀中六。

經歷過會考後，對重複背誦的學習方式，感到非常無聊，對科學的興趣也相應下降，開始想像將來的工作；如果每天要做重複性的工作，必然會覺得生活枯燥乏味，結果不想升學，又不想工作，「過得一日得一日」就是最好的答案。但長輩又會跟你説：「讀好書，實有好前途。」又會説：「升到預科，你就等於半隻腳入到大學啊！」好像「讀大學」就是篤定的人生目標，好像只要能「讀大學」，人生問題就得以解決。但對於大學一般的科目，我根本沒有多大興趣。

糊裏糊塗的演藝人

前途問題畢竟都須要解決，預科其實又只有一年半，想來真是時候要開始思考一下科學以外的興趣。我從小便很喜歡看故事，中學時也對攝影產生興趣，於是便開始朝上述方向尋找，最後，找到了演藝學院的電影電視學院，而且還可以選擇主修攝影，便報考了演藝學院。

面試後幾星期竟接到不獲取錄的結果。由於本來只打算報考演藝學院，而當年的演藝學院收生最低要求是中六生，所以我沒有準備太多便去應付高考，名落孫山實在活該。在百無聊賴下，我過了以為是人生最後的一個暑假，期間思考來年要怎樣應付演藝學院的面試。八月尾卻收到一個電話，原來是演藝學院打過來的，說：「有個學生放棄學位，你會過來讀嗎？」於是，我入讀了演藝學院。

四年的演藝學院生活在忙碌中過去，我終於要面對現實終極問題——就業。畢業後，我跟大部分同學一樣，投身自由工作（freelance）。拍攝行業收入並不穩定，有些時候工時又會很長，曾試過連續工作 30 個小時沒有休息，也有試過連續拍攝多個小時，在現場小睡片刻，繼續拍攝直至工作完成為止。入行初期感到與攝影師這個職位相去甚遠，不時自問行業又怎能相信一個剛畢業的攝影系學生可以掌控大局？這個行業還保留師徒制；做電影的人，不需要唸過電影，而新人往往要由助手做起，至成為攝影師，似乎遙遙無期，行內也不乏當一輩子助手的人。

幾個月後，我就轉換工作，想脱離這個行業，反正興趣只是興趣，不能當飯吃吧！

當時，在這種想法下，我進入了一間中小企的市場部工作，在職期間，開始反省過去四年到底學過些什麼。其實在這間中小企，我毫無用武之地，別人也不明白你唸電影其實是唸些什麼的，開始想何不趁年輕拚命試一試，免得自己將來後悔莫及。幾個月後，我便辭職，重新投入拍攝行業，由攝影助手、燈光助手、製作助理，到剪接及拍攝幕後花絮，都一一做過。

直至現在，我在行業已接近十年，現職攝影師，主要從事廣告拍攝，也曾參與過電影及電視劇製作。中學時校長很喜歡以龜兔賽跑鼓勵同學，龜要堅毅努力才能超越白兔。老實説，堅毅努力其實只是基本功，在這行業中，我就發現有不少擁有天分的白兔，都是堅毅努力的。有些白兔會對你説，自己 16 歲時已經是攝影師，從沒當過助手。又有些白兔會對你說他摘下五個電影獎項，視覺和感覺都比你強。如果你有天發現自己原來是隻烏龜，而對手是一羣不會偷懶的白兔，實際上你只有陪跑，你會覺得這並不是一場公平的比賽！

我明白要回歸藝術基本，並且應該由自身出發，先去認識自己，了解自己的興趣及能力，才能繼續前進。一旦發現自己是一隻烏龜，應想想何不去參加游泳比賽，為何要跟白兔於賽跑比賽較勁呢？

只有忠於自己

談到生涯規劃，老實說我說不上很有規劃。十多年前，我有想過把攝影師作為奮鬥目標嗎？其實從演藝學院畢業的那一天，我也不肯定自己能否成為一個攝影師，只知道自己喜歡故事、喜歡攝影，便朝着這個方向出發。十多年前，相信很多人也沒法估計，能夠以「打機」（電競）作為職業，又或是會有 YouTuber 的出現。

中學畢業時，有位老師對我「為所欲為」的生活態度，曾作出猛烈批評，用了牛頓一句名言教訓我，說要站在巨人的肩膀上去遠觀！這句話很受用，在修讀電影期間，我就是要看很多經典電影，從中學習。師徒制的原理也是一樣，目的是希望入行新人可從前輩身上吸收經驗，等到機會來時，便能走自己的路。低收入、工時長，這可能是必經階段，在心中保持着願景，是唯一戰勝困難的辦法，既要吸收前人教訓，又要衝出安全區，向前出發，因為機會只留給有準備的人！

我認為你不應限制自己的目光，你往往無法得知未來世界會如何發展，唯一不變的應是忠於自己，按照自己的興趣及能力前進！讓我引用一些前輩的話，來彼此勉勵，他們說我們攝影這個行業是摸着石頭過河的，他人成功的方法，不一定適用於自己身上，你只能找尋自己的方法才能到達彼岸；不過，若魯莽過河，必然會掉入水中。

第 5 課

學會學習比學習更重要——規劃學涯

學習，是人生任何階段的需要，但在年輕的階段，學習的重要性是不言而喻的！我特意用「學習」，而非「學業」這個詞，為什麼呢？原因很簡單，因為有學業，未必有真正的學習。對大多數的人來説，完成學業等於通過了課程要求，考試及成績及格或優異，但對所學的事是否真正掌握、所學不同科目的內容是否可融會貫通、是否可應用所學來解決各種學術、生活或社會的問題、對學習有沒有熱誠，以及最重要的，是否學會了怎樣學習等深層次問題，通常都不會探究。以前這種常常重學業而輕學習的做法還可以接受，但到了今天，以上的問題都變得愈來愈重要，水過鴨背、應試或強記背誦式的學習愈來愈不切實際，畢竟無法提升學習者的學養和質素！

在目前及將來的世界，人所需的不單是硬知識，也需要許多軟實力，就如近年經常談及的獨立及批判思維能力、創作能力、解難能力、溝通能力、團隊協作能力及自我管理能力等等，都是透過不同學習、不斷嘗試及不停反思來建立的素質，單是知道和理解各種現象或事物的原理並不足夠，更需應用所學及活學活用才能面對現實的環境、應付及解決問題。故此，在這個不斷變化的世界，能學會如何學習更成為致勝之道。

你是哪種學習者？

規劃學涯最好先由自己的天賦出發，按常理，人擅長的範疇理應會學習得更好、更有成效。前文所提到人要了解自己智能的強弱，好處除增加自我認識外，另一個好處就是能有助學習。這其實又與人一生的功用和所從事的職業息息相關，所以應花一些時間多了解一下。

除智能外，亦可以了解一下自己的學習風格或進路（learning styles or approaches），大概而言，共有三種風格：視覺（visual）、聽覺（auditory）及動態學習（kinesthetic）；不同人會較常運用適合自己的官能——眼睛、或耳朵、或全身投入，來學習新知，因效果會更好。在不同人身上，這三者有不同的強弱程度及拼合情況，例如一個人可能聽覺最強、視覺次強，另一個人最強的卻是動態、次強的是視覺。學習者若能善用所長，因時制宜，便能學得更好，即是說一方面多從適合自己風格的學習方式來吸收新知識，另一方面又能因應場合、需要或知識的性質來轉換學習風格，便是最高效的學習者了！

舉個例說，一個本來喜愛用圖像、文字或實物，透過觀看而學習的人，若要創造一台新穎的機械工具，便要落手落腳去製作及試驗其功能了。又例如一個愛聽老師教導（及喜愛聽自己聲音）的學生，除可利用錄音、錄影或口頭報告去學習會獲得較佳效果外，有時也因環境需要而要運用圖表、拍攝、製作視頻等視覺方式來幫助自己學習。傳統的學校通常會較側重運用聽覺或視覺方面的學習，因而忽視了動態學習的學生，並容易錯誤地視他們為過度活躍或不守規矩的。倘若你發現自己是此類學習者，除了在課堂上儘量約束自己外，便要利用自己最強及次強的地方，多做些輔助性的學習活動，簡單如一邊聽、一邊畫概念圖，或課後設計一些有關的實驗、體驗活動或製作模型，藉此加強學習效果。

對於上述智能及學習風格兩個理論，我可以分享一些個人的體驗和理解：我很早便對文字抱濃厚興趣，覺得文字可給我一個豐富的內心世界，跟現實世界相近，年少時便開始讀小說及不同的讀物（尤其是那些圖文並茂的書刊）、收集名言佳句及嘗試創作了，也喜歡聽和找別人討論這個那個，尤其是抽象的理論，但對數理、物理卻感難以掌握。我知自己語文方面的智能較強，但不是語言天才，所以要努力學、苦學，尤其是學英語，除看書、看畫像或電影外，也喜歡跟人接觸、交流思想，從中學習，更喜歡寫作，既可邊寫邊學，也可藉寫作與人交流。根據上文的理論，我強於視覺及聽覺學習。寫作這興趣維持了幾十年，目前是在 Facebook 寫帖文及著書來表達思想及感受。另外，中學時，我已受「文以載道」的思想影響，所以寫作的目的自然是向人盡力闡明事物背後的道理及感受，並以此為快。在今天，這「道」主要是指基督信仰及實踐了，這個發展也證明上主給予我較強的語文、邏輯、人際、內省及存有智能，也給予找我不少機會去發展和發揮，很感恩！

此外，認識自己屬於哪一種學習類型，也是促進學習的一個方法，知道自己究竟是一個愛抽象思考、還是具體操作的人，對學習的難與易會有較好的掌握，例如抽象思考型的人對學習原理、概念能駕輕就熟，但對於學習人際關係及團隊運作會覺得困難，反之亦然；所以明白自己的學習類型，和所需要學習事物的性質兩者是否相合（match），對學習尤關重要。若是相合，可事半功倍，若不相合，便要找方法補足，這是學會學習其中一個重要技巧，例如一個善於具體操作的人要學習抽象的概念時，便要多利用不同的圖表或實例來幫助自己了。

有些理論談到左、右及全腦學習：用左腦學習的人會重文字、數字、邏輯、步驟、事物的線性（linear）發展；右腦學習的人卻注重情感和直覺、圖像、模式、事物整體（holistic）的發展。而全腦學習者便可兩者兼顧，因此，人可透過自我觀察、測試及專家的輔導了解自己的傾向及有意識地釐補不足！

你有興趣學習嗎？

上述的多元智能（第三課提到）、學習風格、學習類型和左右腦學習幾個理論，坊間有不少書籍，可幫助讀者深入了解。這些理論有些地方很有可能是重疊、互通互補的，讀者不妨探索一下。但總意是說，要以認識自己為起點，然後去規劃一生之學習方式、範疇及方向，舉個例說，有等人自幼都強於視聽、強於在課堂中學習，所以會努力應試，務求直接考進大學，選讀有興趣的相關學系；有些人卻喜歡體驗、喜歡邊做邊學，想先爭取實戰經驗，再去學習理論，會花較長的時間，才能完成大學教育或專業教育，但殊途其實可以同歸。

另外，能力強的地方多是一個人興趣所在，並最有機會發展成為卓越的地方，不過，又要注意一點，強的反面便是弱了，對學習也會有影響，要留意及調適。例如要是你的人際智能強，便要留意建立自處和抽象思維的能力了；又你若是左腦較強、邏輯思維能力較好的，便要多留意情緒及情感方面的發展了。今天的學校（無論大、中學）都講通才教育及跨學科學習，目的是要增加學生的知識面及建立多角度思維和解難的能力，所以除了語文、數理及其他學術方面的學習外，學生也要涉獵藝術和社會的範疇，讓右腦或其他智能可得開發，文、理、藝、社若能平衡，應會有較整全的發展！若能如此對應及全面規劃學習，便可對事物有更好的掌握及發揮更強的分析、解難、創作的能力，才能面對多變複雜的世界了！

除掌握學習的方法外，維持學習動機也是很重要的，能自我激勵的人通常成就會較卓越，我有位學生由於摸索到自學的方法和意義，結果在艱苦奮鬥中成為大律師（他的故事在〈律師的千里之行〉）。若要維持動機，主要可從興趣、意義和成功感三方面入手。若所學的是自己感興趣的事物、能看到學這種事物的價值和意義、也能在學習的過程中有所成就，因而得到滿足感的話，人便會持續學習下去，這些是內在（intrinsic）動機及自我驅策力，比外面（extrinsic）的動機，例如人的稱讚、獎勵、榮譽等，更獨立和耐久，後者雖然都好，也有其價值，但應視為附加、額外的，最重要的還是內在動機。人要在前者努力，為自己找到興趣、建立意義及爭取成功，才可令自己重新啟動學習，尤其是那些因常受挫敗及缺乏支援而動機受到窒礙的人；能自勉自勵的，也可以學有所成。當然，若能遇到好老師，幫助你發掘及發展這些的話，更是人生大幸，正是自古以來所樂道「千里馬遇百樂」的故事！

選合適的就好

認識了學習的風格、方法和動機後，我們還需要切實認識應學些什麼課題。正如前文所說，興趣是很重要的，人對有興趣的事物，才會學得好，乃至表現卓越、學得卓越，才會有機會出類拔萃，如要勉為其難學一些全無或甚少興趣的東西，則會事倍功半、力不從心！當然，我不是說沒有興趣的東西便不要學，說明白一點：努力學習最終都會有成果，傳統的「將勤補拙」思維仍是有用的，但這類成果大多難以達至卓越的水平！

不過，話又須説回來，人總要給自己留點心理空間，不要過早排拒要學的東西，因為今天沒有興趣的、沒有能力學成才的，他朝可能會有新發現；有些能力和興趣在人生的初階是隱藏的，後來在環境變遷或激發下，才顯露出來的（可看看〈音樂人生〉和〈生活在文學〉這兩個故事的主人翁，如何發掘到自己的興趣）。我亦有另一位學生，公開試的成績不足以直入大學，只能進專業學院讀高級文憑課程，但她後來趕上，成績優異，可直升大學，完成學位課程，後來回到母校任教（〈踏上教師路〉的故事）。我當校長時也發現有不少同工就業後，才發現自己的學歷和學識不足，要到公開大學或找遙距課程進修，獲取更適切的資歷和學識，來應付工作的需要。

就升學而言，昔日機會有限，今天真可以説條條大路通羅馬，有許多不同的課程可報讀。然而，不同課程所要付出的學費有很大差別，若能入讀政府資助的課程，在經濟負擔方面一定比較輕省，所以青年人要及早規劃，並努力爭取這些較有限的機會了。

在大專教育階段需要選科時，不免會費煞思量，但總要緊記興趣與卓越的關係。今天社會一般的説法是叫你去修讀一些將來能多賺錢（所謂有「錢途」）的學科，把你的興趣壓抑下去。只看科目本身有沒有賺大錢的潛質，而不問修讀的人是否適合，常常會導致人與科目錯配的情況（mismatch），此種不協調難以產生高質及優越的表現。舉例而言，那些缺乏同理心的，就不要貿然走去讀醫學了；那些喜歡藝術的，不要隨便走去讀環球商管，即使自己入學試所獲的分數很高，這些「賺錢」的學系也是很難考進去的。

其實，人若把感興趣的學科讀得好、讀得通，並找到其意義、且發揮創意、造福人羣的話，他便成就了自己，也能成為社會，甚至整個人類之福！這樣優秀的人需要為生存擔心嗎？相信他們仍然能夠找到謀生，乃至致富的道路，例如唸音樂若唸得出色的，可有不同發揮的渠道：作曲、教授音樂、發展如串流音樂的新方式或為電影或廣告配樂、在網上頻道向人分享等，也可利用音樂來祝福別人或豐富音樂本身……實在有無限可能，既可謀生，又找到生存的樂趣及意義，何樂而不為呢？又如讀神學做傳道的，傳統來説，只會當牧師、教師、輔導員、作家、校長等，但在今天的世界裏，可以去當社工、演藝、從政、從商、去較落後區域幫助農民發展或從事醫療服務、發展福音網站，或利用其他不同的渠道和方法去傳道、體現福音的好處、造福人羣。

總而言之，無論做什麼，都不要讓賺大錢的思想和虛榮扭曲了人生、左右學涯中的抉擇，反而要守住之前說的圓心——即人生的意義（當然不是單為利己的那一種！），並努力向標竿直跑！

記得許多年前，有一位中七學生問我高考後好不好去演藝學院修讀戲劇，因為她很喜歡話劇（她在學生時代已參與學校的劇團及演出），我再三問她是否真的喜歡話劇，她說是的。我便對她說，若要自己的話劇生命有深度的話，應先讀大學，打好基礎及擴闊視野，然後再看是否真的喜歡話劇，若然沒變，便可以進演藝學院修讀了。她果真如此行，唸完了大學，便再進修戲劇，然後在學界幫助學校籌辦戲劇或音樂劇的演出，她在戲劇界中活躍，帶領劇團演出，在業界頗有名氣，近年更往英國進修戲劇。我再遇到她，特意問過她從事戲劇可否維生，她回答說可以，是一個好好追求理想的活生生例子（她的故事在〈我的話劇夢〉）。

廣泛學習的時代

事實上，大專教育近年也起了許多變化，講求既專又廣，或先廣後專，認為專科也需要廣闊的知識基礎支援，才可裝備學生應付將來瞬息萬變、問題叢生的世界！例如唸建築的，不能無視文化、歷史、人際、政治，甚至哲學宗教對其專業的影響，所以學生應與時並進，擴闊視野，多學一點先前看起來沒有多大興趣或與自己本科看似沒多大關連的課，還要多接觸背景不同的人，從中找到學習點（learning points），藉以豐富自己的閱歷及擴闊視野。

近年，人工智能（AI）興起，很多人提出令人憂慮的説法，因傳統的工種，包括某些專業的低層次運作，例如法律、會計，甚至診症的初階工夫，在未來的二十三十年間，大有可能會被 AI 取代；反而那些涉及與人深入交流、共事的工作受影響的程度會較少，例如教育、社福、康健的工作，所以今天的學生，除要專注發展自己的興趣，令其出色外，也要涉獵資訊科技，探討它與個人興趣的關係，更要建立人際方面的能力——就是説同理心及與人合作、共事、解難、創建的能力，也要培養創業精神（entrepreneurial spirit），不怕冒險試新，才有更佳的生存條件和發展空間。然而在選科上，個人天賦及興趣始終是首要的考慮，也勿忘把科技及社會發展的新情勢（context）一併考量。

任何時候也要當個學生

事實上，人可能因為要轉工轉行、要面對新環境、新問題，更可能因要應付社會及世界潮流和科技變化而不斷學習，才可以生存及發展下去。有一種傳統的想法，以為專攻一個課程或專業便可足夠一輩子用，這種想法已變得非常不合時宜了，知識不斷高速膨脹，而職業也隨着知識增多及變化而產生基本的改變。人要與時並進、自強不息，規劃「學涯」，就是説要持續學習、終生學習才好，也要重提古語「學海無涯，唯勤是岸」的重要性，人要在不同階段好好學習那些對他重要及有意義的知識，而那些無關痛癢或宏旨的事，便要學習放下。

另一方面，終身從事一份職業已變得愈來愈不可行；一個人一生可能要轉工好幾次，甚至要轉行；即使能從事同樣的職業，性質和運作都有所變更，所以不時要學習新的知識來應付工作的要求。舊的行業也會逐漸被淘汰，新的工種又層出不窮，例如這幾年，因大數據出現，產生了各種新工作，就像數據分析員、監控員等新崗位。所以，人要不時學習新知識和技巧，方可應付生活及工作，以至追夢的需要。學習已不復是一種興趣，也要成為必須的生活習慣，我們若能多學、學得快、活學活用及學會融會貫通各門各科，便可有更多機會和選擇自由了！

由校長到 CEO

說到這點，我可以現身說法，分享一下在過去三十多年在職場因需要掌握角色變化而重新學習（讀者要考量，要是過去已有此學習需要，將來更加如是）。

我在 80 年代末期初任校長，工作主要的性質就是要學做個把關者（gatekeeper），按着本子辦事，不逾越規矩，把從上而來的政策和決定逐一落實便是了，所以要學許多操作性和程序性的事情。到了 90 年代末期教育改革開始的時代，校長除了要掌握各項改革政策的內容及精神外，還需按學校的校情來自行訂定落實的策略，由於教育當局只提供大方向、指引及資源，校長要自行想辦法去管理及善用各方的資源，貫徹教育宗旨，學做首席執行官（CEO），也要成為專業教育領導

(educational leader)。為此，我回到大學進修。

後來，由於有幸參與培訓校長和推動健康學校的工作，更要學習友師及建立學習羣體和網絡(community-building and networking)的技巧，才能成為資深的教育工作者。與此同時，亦要修讀博士課程，研究教育領導的課題，並學習嚴謹治學之道。畢業之後，除繼續管理自己的學校外，又參與不同政府的諮詢委員會工作，從中學習政府運作的模式及政策制訂的過程。及至退休後加入大學任教(即目前的階段)，又要學習教授大學生及研究生方法和策略，希望他們能發揮更大的功效。

往後的日子，相信仍要繼續學習著書立説之道，就是如何將經驗及理論用文字鋪陳，希望在教育上，對後世能有些微的貢獻。除此以外，還要認真學習退休之道，就是要學習如何引退、自處、心情恬淡而積極喜樂，以及靜觀世局變化，為人祝禱、安身立命！上主若許可，希望餘生不用學習如何應付自身的危疾及苦痛，不過，保健及養生的知識和技能就必須學習，直到生命的末了！

這見證顯示出生命若有不足，盼可改善，便需學習了。不過，我的經歷若相比於那些要頻頻轉工或活在將來多變的職場環境中的，仍算是簡單，因我始終沒有轉行，一直待在同一行業適應不同階段的變化而已！無論如何，人總要按所遇到的環境，努力作出不違背初衷的適應和學習，務求完成一己之任務，毋負今生，人所能作的，亦僅此而已！

一輩子學涯

學涯和生涯明顯分不開，而學涯又和職涯相連，所以無論學什麼、做什麼工作，都要反過來思想這些與你的人生目的有何關連、最終這兩者能如何幫助你達到這目的！人始終要不斷學習，正所謂活到老、學到老，當然這個到老的學習是廣義的，例如有關使用手機、電腦、攝影、烹飪等生活新課題，老了也可以去學；但對於少數的人來說，這個年長階段的學習甚至可以是很專門、專科的，就如早前逝世的國學大師饒宗頤教授，年老時仍長期鑽研多門學術一樣。正常而言，除非人腦部嚴重受損或者患上腦部退化症，生涯的終結才會是學涯的終結！

筆記

了解自己的學習風格畫圖

+ 視覺：上課、觀看學習視頻、閱讀
+ 聽覺：上課、有聲書
+ 動態學習：體驗、小組交流、參觀

尋找合適自己的課題 / 科目

+ 興趣
+ 能力
+ 學習風格

筆記

+ 試閱讀有關學習的書，認識自己的學習風格。
+ 按過去經驗，你是個怎樣的學習者？如何學習最有效率？
+ 你估計什麼階段需要再學習？是怎樣的學習（遙距、網上平台、學院）？
+ 你可以為自己的工作定下短中長期的學習計劃嗎？如何找到學習的渠道？
+ 你想成為怎樣的人？有什麼知識要掌握？現在距離有多遠？

思考問題

你是怎樣學習的？你喜歡學習什麼？這些東西和你想從事的工作有什麼關係呢？

....

....

....

....

....

....

....

律師的千里之行

鄭振康

我是一位大律師，但跟許多同行不一樣，不是畢業於名牌中學，而且中學時期成績奇差。雖然是中文中學的產物，但我認為這樣的背景給予我很大的優勢，正如前蘋果總裁 Steve Jobs 所說："You cannot connect the dots looking forward; you can only connect them looking backwards." 驀然回首，中學的經歷不斷塑造了現在的我。

英文差勁的我

如要追溯我為何對法律產生興趣，一切要從個人背景説起。跟許多人一樣，我出生在一個小康之家，小時候不是特別富有，父母亦不是飽讀詩書的專業人士，在課業上的教育也只能給予我有限度的幫助。

依稀記得，在我中學時期，同學的學習氣氛並不特別濃厚，彼此的交談一般鮮有「將來式」的概念，正所謂「今朝有酒今朝醉！」大家對前途亦沒有什麼想法。我特別記得我們之間普遍瀰漫着一種對英文恐懼及抗拒的氣氛；英文本來比較差的同學自然不願意接觸英文，英文比較好的也因為英文較差一羣的學習態度而受到拖累（當然，我是屬於英文較差的一羣！）。毋庸諱言，我到了中

五仍然不曉得 "that" 的用法！是的，我就是在這樣的背景及英語起點下，踏上法律這個專業之路。

到了中六時，有感這樣的英文水平並不足以將我送入大學，在一位中學老師指導下，我慢慢惡補英文，由開始每天學習 5 個新的英文詞彙，到後來每天 10 個，然後 15 個。下了不少的苦工後，英文水平開始慢慢有所改善，亦發現自己原來蠻喜歡英語這種語言。懂得多一種語言令我能夠選擇閱讀的讀物比以往多。

要學的不只學科知識

當閱讀到有關英國國會的辯論後，我發現自己慢慢喜歡上政治學，其後更發現對當中的法律制定過程頗有興趣，便希望修讀法律，並以此作為我的事業。而下一個要作決定的方向是，究竟自己喜歡當一名大律師還是事務律師？後來，了解到當中的性質後，我選擇了當大律師，因為我比較喜歡研究案例，並在庭上進行訴訟。由於考慮到拿到第一個大學學位便選擇讀法律的話，我執業之時會太年輕，沒有人會聘用我，所以在讀法律之前，我讀了一個工商管理學的學位。雖然表面上看來，工商管理學跟法律是扯不上任何關係，但事實上，它能磨練技能，例如表達和整理技巧，並讓我了解到商業世界的運作，有助我處理法律問題，特別是有關商業糾紛的案件。

另一方面，除了重燃學習興趣外，最能夠幫助我完成艱苦的法律課程的素質，是以前在運動員訓練中所磨練出來的毅力和堅持。過往，在中學時期，我過分偏重運動訓練，但每一次完成艱苦的訓練後，都有莫大的成功感，藉此也培育出凡事都要堅持的精神。我就是將這種精神帶到學習上，每次遇到困難時，都能夠咬緊牙關，並以過往成功完成訓練的經歷，作為應付法律考試的動力。

由此可見，我的學途不是一帆風順，而是滿佈荊棘，但以往做運動員時所帶給我的堅毅精神，一直對我的學習都帶來幫助，令我相信只要有信念，便能打破一切世俗所定的規條。

生活
在文學

鄭子聰

中學時有想過選修文科，但因顧慮未來的前途，最終卻步，選修了理科。一開始便要面對一大堆數字，已感無趣，且無力應付，最後公開試成績未如理想，僅僅能踏上專上教育之路，修讀銷售及市場學高級文憑。這次經驗告訴我，生涯規劃時除了前途外，還需考慮能力、興趣及性格，缺一不可。為了逃避數字的煩惱，我嘗試轉投閱讀文字，由散文開始讀起，培養閱讀興趣，也曾嘗試在書中標記印象深刻的字句，作為回憶筆記。當我多閱讀不同的文學作品，對文學的興趣也日漸濃厚，與此同時，因開始熱愛助人專業，故修讀了社會工作碩士，並成為註冊社工。

説來真有點可笑，我讀中學的時候，對中文還未產生什麼興趣！

七年前，我想表達心中所感所想，開始運用文字表達，自此寫下一篇篇關於生活的散文。寫了一段時間後，覺得自己是時候流浪一下，所以花了 50 天，走遍整個台灣，用相片及文字把曾遇見過的人與事記錄下來。慶幸得到台灣朋友的協助，找了印刷商，讓我向獨立出版的夢想進發。半年後，我的首本獨立著作順利在台灣及香港出版。出版首本著作後，發現自己的中文及寫作基礎還有很大的進步空間，所以想回到大學進修中國文學，希望能透過文字，為社會帶來改變。

社工進修語文，為了……

在網上尋找中文碩士課程的資訊後，決定申請嶺南大學，原因有二，其一為嶺南的現代文學著名，其二希望增進文筆與創作。當時擔心自己並非中文系畢業，所以整理好過往寫過的家庭研究文章，以及第一本台灣獨立著作，一併郵寄給他們。不久之後，收到他們通知進行電話面試。面試前一直緊張憂慮，準備了講稿，希望清晰、有系統表達所想。那天終於來到，電話響起，約有五位教授主持面試，我先作自我介紹，然後他們提問報讀原因，我記得當時的回答大約是希望創作以及向老師的職涯進發。及後，他們詢問我曾讀過的文學作品，我直率地表示自己閱讀的文學作品不多，但希望在開課前後閱畢紅樓夢，面試過程順利完成。

約一星期後，收到印上嶺南大學標誌的信件，還未拆開，想這是取錄通知，因為信件是厚厚的，應是因為要填寫回覆一堆入學文件才會達到這種厚度，拆開後發現真的如願，興奮莫名！作出這個決定，絕不容易。我現在是任職家庭服務的社會工作者，修讀文學對我來説與事業幾乎沒有關係，但當考慮到自己的能力、興趣及性格，又覺得修讀文學不僅能增進文筆，也能增強表達及待人處事的能力，這對助人和學業的幫助亦不少，所以我想修讀科目與事業不一定要有直接關係。

現在，我除了享受與服務使用者同行的過程外，於工作上也有不少寫作與表達的機會。而且，知識不僅能於事業上發揮，在生活上亦然，它會畢生陪伴，絕不會浪費。

踏上
教師路

鄭韻慧

中學畢業之後，我升讀了專業進修學院（IVE）的工程系高級文憑。我深信那是上帝預備合適我走的路，便以信心走上，並向上帝承諾會盡力完成課程。

這幾年間，蒙祂恩典，不單考獲不錯的成績，同時也改變了從前文靜、弱不禁風的性格，祂讓我不斷參與不同比賽和運動項目，如射箭、滑浪風帆、獨木舟、外展訓練等等，擴闊了我的眼界，並在愛中建立了我，為我鋪排了精彩的大專生涯。畢業後，我順利升讀香港科技大學工程系。在別人眼中，我像是一個傳奇，更有中學老師看着我的改變，不禁擁抱着我流下淚來！

回想過去，當教師的志願源自於一次大學畢業前為期一個多月的加拿大短宣，是次短宣的目標是透過於教會舉辦的暑期班，把福音傳給班上的學生。當時，大家都落力地找機會向學生傳福音，還記得我與幾位同工所負責的烹飪班是首班有學生決志信主，大家都感動不已。學生年紀還小，仍然存着一顆單純的心，較容易接受福音，一面珍惜傳福音給他們的機會，另一面也為着可愛的他們在成長路上有神帶領，使他們能過有意義的人生而感恩。還記得離別之時，這二十多人，每一位也給我送上親手繪畫的感謝卡，當我時一邊看，一邊落淚，心想這次短宣雖花光了從獎學金得來的金錢，但仍然很值得，是無價的！

找着押上一生的使命

從這次開始，我深深體會人靈魂得救是非常重要的事情。大學畢業後，我懷着一顆熱心，想當全職傳道人，於是我大膽向媽媽説，覺得無論做什麼工作，賺多少錢，也不能與一個人悔改歸向神的價值相比，但當時媽媽覺得我入世未深，建議我工作一段時間後再作決定。

雖然我要如常工作，也不滅我傳福音的心，不斷找機會將福音帶給我的同事。我開設免費的私人烹飪班，邀請同事來自己的家，準備好材料，教他們做甜品，藉機會帶他們信神。有一次印象很深刻，我很認真地對同事説，若她願意決志信主，我即使失去一切也不介意，因為靈魂的價值真的很高。現在回想起來，仍覺感動，自己竟然把所有的都押上去，只是為了身邊的人得着永生和真正的人生目標。

或許神就是看見這樣的一個我，感動我開始尋找學校相關的工作，讓我能夠有更多機會去接觸年輕人。及後，我亦進修了教育文憑的課程，後來回到母校教數學。

當了教師十多年，很多朋友都會不約而同地問，現在的學生很難教嗎？我總會回答説他們很乖巧、品格很純、很窩心，我覺得教書很適合自己，學生也帶給我很多正能量。我喜歡欣賞學生，在我眼中，他們每一位都有不同的優點。面對成績欠佳的學生，總會期待着他們進步，無論多少，也會讚賞他們。曾經有學生因考試表現不好向我道歉，説令我失望了，我感到安慰。過了多個年頭，參透了學生不是靠迫就能變好，而是要一步步陪着他們走的，學生總會體會老師的心意，自自然然會聽老師的話。

我很愛説鼓勵的話，也很愛正面的思想，這是神給我人生很寶貴的禮物。人處於同樣的環境下，可以存感恩的心，也可以埋怨，在我成長過程中，我很喜歡把正面的事物或説話銘記於心，把困難或問題快快忘記。我很想把這個思想模式傳給我的學生，深知道如要成功地傳授這套思想，唯一的方法便是把扶持我多年的神介紹給他們認識，作他們的朋友。

感謝校長邀請，讓我能好好回顧如何走上教師之路，回味當中走過的的每一步及每一條路。教育的路很漫長，寫這篇文章喚醒了我，勿忘初衷！

第 6 課

工作不只是餬口——規劃職涯

本書刻意將生涯與職涯區分，皆因這兩個是不同的概念。

心水清的讀者一眼便能看出二者是集（set）與子集（subset）之間的關係。生涯是集，學涯、職涯是子集，生涯所包括的面最闊，包括了個人、家庭、朋友、社會、教會及其他與你相關的事，當然也包括學習及職業兩者，而一生工作的發展就是職涯的範圍。

三個「涯」關係非常密切，在人生亦有一大段時間交互影響，要是規劃得好，可以相輔相承。一個人若自我成長得好，與家庭、朋友、同儕、教會或其他人關係也好，又善於學習，工作自然會多一分力量、意義及成就。反過來説，即使工作發展卓越、長袖善舞、且有突破，但其他方面乏善足陳，其人生仍不能算是美滿。

何況，生涯比職涯時間更長，人年幼時，可為將來想從事的工作做準備（但不是唯一的準備），然後做一世、大半世或某個時段（長短視乎每個人的際遇和取向而定）的工作，便要退休或退下來。一般而言，生命若沒有這樣快結束，人仍然要生存下去的話，之後應如何生活才好呢？這又變成一個生涯，甚至職涯的問題了！而學涯如上文所説，是影響生涯及職涯的，給予它們生存的條件、活力及新意！人若停止學習，無論生涯或職涯方面，都會變成單調枯燥、因循古板。

傳統而言，學校的升學及就業輔導就是試圖處理職涯及部分學涯的問題。我在60年代唸中學時，校內並沒有任何升學及就業輔導服務，學生要自己摸索、誤打誤撞的走前路。另外，也發現除了具宗教背景的學校會就其宗教信仰去闡釋人生的意義外，其他的學校對生涯的目的也沒有怎樣觸及，只由學生自己去摸索。今天情況看來進步了許多，學校開始談生涯規劃，比以前的升學就業輔導的範疇應擴闊了許多，不過大部分的學校也許仍少談人生目的。我想再強調：人生的目的影響三種「涯」，而生涯、學涯和職涯三者也是互相扣連，互相影響，在考量時要互相參照。

工作只要賺夠就好？

一般而言，職涯是否順暢和成功，視乎人如何處理其生涯及學涯。在個人的生涯中，學好處理自己和其他人的關係，足可影響事業的成敗，例如人年少時貧困（或如《聖經》所説要「少年負軛」），一般會自怨自艾或人窮志短，但若能學曉將這些經歷積極轉化，善與人相交共事，可為事業奠下美好和堅實的基礎。反過來說，若自幼只一心追求事業或工作上名成利就，忽略培養個人品格及專業操守，學校也不着意教導的話，學生投入社會工作後，便會容易跟風隨俗，在這個世俗的大染缸中，也容易失腳、墮入誘惑的陷阱，最終更可弄致身敗名裂！

在進入討論規劃職涯前，想先談談職業工作的意義，還要理解一般人對工作所持的思想模式。今天，許多人認為工作等於勞苦，工作是免不了的，但可避則避，要不是為了餬口或賺錢享福，便不會、亦不想工作，儘量令自己舒服一點，最好能提早退休。這可說是社會普遍對工作所抱的思想模式，我們可能不以為然，但這些說法卻不時會影響我們的判斷及抉擇。年輕人許多時亦不知不覺地接收了這思想模式，我們不禁要問問：這是對工作的唯一看法嗎？

工作是天職

從信仰的角度來看，工作具另一番的意義；英文字 work 的希臘字根原來有 worship 的意義[註 1]，即藉工作來崇敬上主。這描述了工作有其神聖一面，意思説人可用其天賦來工作、服事上主和服務別人，不是單為餬口的。

記得伊甸園的故事嗎？在人類沒有犯罪之前，上主已經給予始祖亞當和夏娃工作，就是要他們看守和管理好園子，而且在那個具體安排之前，即在創造了亞當夏娃後，上主授命人類要管理好天下萬物，而管理伊甸園只是這個大授命中的一個小體現而已。後來，始祖因驕傲及以自我為尚犯了罪，所受到的懲罰便包括了「汗流滿面、才得糊口，直到歸了塵土」，工作從此被罪性扭曲，失去了許多原先的意義，例如可用來發揮天賦功用、彰顯創造主榮耀，反成了人類的重負及維生的工具，結果發展到今天，人人為口奔馳，或想儘快賺足金錢而提早退休！

這個伊甸園故事帶來許多啟示，其中之一是人應重拾工作的意義和價值。世上有許多工作，不同的人也可把不同的工作做好。工作明顯地是與人的天賦、才能有關，若兩者配對得宜，真是可以令人有所發揮，甚至可熟能生巧，生活充滿滿足感及榮譽感的。若然賴以維生的工作更能同時造福別人，這些感覺會更強、更耐久，對工作的人，更會有積極和健康的作用。

Jeffries更看工作為一種感召（calling），認為每一個人在世上都有一份特殊的差事或任務（vocation），在她的文章Work as a calling有這樣的一段：她用了一個比喻，說在我們的靈魂還沒有進入軀體前，我們和創造主有過一段對話，是關於我們在世成為人後，各自可以作出怎樣的貢獻。我們跟祂探討過許多不同的可能性，終於找到自己那個特殊的任務，我們感到十分興奮，創造主也同樣感到興奮，祂很願意我們各人都喜愛自己的工作。我們甚至興奮到喊了出來：「這真是個絕配，上主啊，請差遣我去完成它，我一定會把工作做好，祢絕對可以信任我！」於是上主和我們就為要在人世間要完成那些獨特的差事達成了協議，我們也答應祂會在世好好幹一番，我們的靈魂隨即進入了自己那細小的軀體，後來也來到人世間。可惜在做人過活的時候，我們似乎忘記了自己對上主的承諾，只好不斷努力去回想我們當初跟祂所說過的話。

在尋找工作意義這一點上，Jeffries所寫的可能比較童話式，但對信徒而言，應有一定的提醒及感悟；我們一生營營役役，究竟是為了什麼？我們一向努力去做的工作，甚至是終身事業，是否上主的旨意和計劃呢？人真是可以像Jeffries所說那樣，找到自己工作的特殊意義和熱愛工作？這些都是值得我們反思的題目。誠然，我們可能因無知或因滿足物慾而失卻工作的真正意義，一生只營營役役，不知所為何事。但另一方面來說，世界也不斷變化，工作的性質和內容也會跟以往不同，我們在世應做些什麼工作才合適、才能發揮得好呢？這些問題值得進一步探討。

就是非信徒，除了餬口外，工作對個人的發展及在世的意義，應有更高層次的考量。人若然喜歡自己的工作，其工作的素質和果效必然比那些不喜歡工作的人好，而社會整體的生活素質又與每一個成員的工作素質有緊密的關係，所以個人與工作之間的匹配（match）十分重要。配對得好，工作的意義便容易達到，工作的成果也更優質，工作的人也更愉快滿足（我有個學生說很喜歡自己護士的工作，受她照顧的病人相信一定也感受到，她的故事可參考〈白衣天使的夢〉）。反過來，若人都「被迫」從事一些他們不喜歡的工作，社會便充滿厭惡及逃避工作的人，又怎會進步呢？所以，學校若能為學生自小建立這方面的意識及選擇能力，是很重要的！

快樂上班有可能！

現代的社會由許多不同的機構和人員組成，如要整體運作暢順，社會成員生活得到改善的話，便需要各行各業高質素的從業員，將工作做好，若是這樣，人民衣食住行的需要便可得到滿足、生活便可安泰。正如前文所説，在規劃職涯時，其中一個目標就是，要透過從事合適的職業去提供優質的服務，助人利己，為整體的社會作出貢獻！我有一位好玩的學生，本來修讀社會科學，負責組織各種營會，但後來進修社會工作。他找到了自己的使命，希望為社會貧苦大眾出一分力，我非常支持他，亦希望他能維持初心、一展抱負（他的故事可參考〈與人同行的福氣〉）！我又記得另一位學生，她跳拉丁舞十分出色，在學時已經參與埠制賽事，畢業後仍熱衷舞蹈，後來更參與與傷殘人士共舞的賽事，在國際比賽中得獎，為港爭光，年紀輕輕便獲特區政府頒授社會服務榮譽狀。舞蹈這興趣他日會否成為她的專業目前是個未知數，但相信她若能繼續發揮天分，再加上服務社會的行動，應會前程錦繡（她的故事在〈舞動人生〉，值得細讀）！

尋找適合自己的職業

人了解自己的興趣和天賦後，究竟如何可找到合適的職業或事業呢？這方面學校傳統的升學就業輔導服務可以幫上一把，學生可儘量參考這些服務所提供的資訊，去為自己人生籌劃，例如瀏覽不同學院和大學所提供的課程類別，看看有什麼與自己的興趣相近，亦在網上深究一下其內容，也應儘量參加參觀和體驗活動及與有經驗的人傾談，讓自己認識更多。其中一項需要好好認識的參考資料是資歷架構（Qualifications Framework，可上網查閱），從中可知目前有什麼職業的發展階梯已詳列在架構之內，特別是自己想從事的那一些。仔細查看相關資料，然後規劃自己獲取相關資歷的途徑。若自己心儀的職業仍未在架構列出，那可能是些新興或非傳統的，便需要從其他渠道去尋找了，也許查閱外國的網站。

除找印刷媒體或網上資料外，亦可找職業輔導人員或老師傾談，多了解一些自己及各種適合自己的職業。若然資源許可，更可以花點金錢去做一些正式的測試，例如美國行之已久的 Birkman 職業取向測試，以便收窄選擇的範圍。筆者曾做過這方面測試，所得到的結果看來又甚為符合我所做或做過的工作，例如它指出最適宜我的工作範疇是在牧養、教育、輔導及培訓方面，次者為行政管理及支援的工作，而寫作也是與我能力和興趣較接近而可以考慮從事的工作。對我來說，該測試的準確度頗為高，因過去從事學校管理、今天仍從事大學講師和校長培訓的導師工作，業餘也在寫作，這些都是可帶來很多滿足感的工作。唯一感到可惜的是，我太遲做這些測試了，否則可省回許多時間，不用過去四處探索，但亦可幸我有機會做了這個測試，再三肯定我過去所選擇的工作是合適和正確的，現在更可以繼續全力以赴，在這一點上，今生亦可無憾！

當社會變遷，隨着科技的發展，舊的工種，尤其是低端只求勞動的職業，會容易遭淘汰，甚至包括今天我們趨之若鶩的專業，就是大多屬於知識型的工作人員（knowledge workers）。在可見的將來，人可能要從事一些嶄新的工作，性質和操作內容跟以往的都不同，所需的訓練也不同，一般都需要從業人員有更先進的科技水平，並且需要從業員不斷探索創新，是屬於新一代創造型的工作者（creative workers）[註 2]。但無論工作的內容怎樣變，工作的意義和服務的素質都應該保持不變，人始終是人，本質沒變，而這些變與不變，又是與個人能力及生存目的和價值相關，前者可變，但後者則不能任意變。

尋尋覓覓又何妨

在尋找適合自己的工作或職業方面，本有許多途徑及個人的差別，有些人很快及很順利找到自己投身的範疇，就如我校一些少數的尖子，很自然地便踏上學術研究的路途，很年輕便成了學者，在外國從事研究工作或成為大學教授（對在非名校及當年較偏遠社區長大的孩子來說，這是難能可貴的，我其中一位學生就是如此，他的故事在〈優異生的曲折旅程〉找到）！但亦有許多人，可能要誤打誤撞，才找到適合自己的工作。無論如何，找到總比找不到的好。工作合適的話，生活會有更大的意義和滿足感，身心也會更健康！我以前的學校有一名女學生，在學時成績一般，畢業後也做過十多份各類的工作，在偶然的機會接觸了攝影，發現自己很有興趣，亦覺得工作有意義，便入了行，主要從事婚禮及孕婦的攝影，期望為別人留下美好的記憶，很有滿足感。在攝影界這個充滿男性攝影師的行業中，她努力學習和嘗試，走出自己的路和風格來（她的故事可見〈闖出一片天〉)。

我也可分享自己工作的經歷：我從未想過會當校長，我當年是修讀社會學和心理學的，幾乎便當上社工。在機緣巧合下（應是上主安排下），我回到母校當老師及初中級的訓導主任。當時接受這樣的任命，是因為讀大專的時候校歌中有這樣一句歌詞：Serve God and man（事奉上帝、服務人羣），當年，我每逢唱到這句，都深受感動（相信是聖靈的工作），立志一生要這樣活，而無論做社工或老師，都可以達到這個目的。還有，這兩項工作都要求業者喜愛説話和聆聽（做老師前者可能較多）、願意與人分享經驗、要有分析、判斷的頭腦、具備領導和組織能力等，這些都需要與人交流共事的傾向和技巧，而自問也具備這些素質，所以多年來都投身教育，後來也成為了校長！

回想當老師的階段，心意曾經也不太專注，覺得教書的生活好像太過狹窄，曾想過要做翻譯或傳譯、勞工福利的工作，也想過要從政、從商等，但結果都不成功，上主把這些門都關上了，只留下教育這扇門給我打開。

當上校長若干年，才慢慢發覺上述各種的興趣或所關注的事，全部都可以在這個崗位中實踐得到，十分感恩！既然看見這是上主的美旨，我便開始全情投入教育，那時已經 50 歲了！但這也不太遲，在退休前十年內，除努力建立自己的學校外，我也修畢了博士課程及參與了不同的校外教育事務，結果這些理論和實踐經驗在退休後，裝備我進入大學任教，而教授的都是些教育領導和管理的研究院課程，與我的能力、興趣、心志及經驗相關，同時也讓我可以繼續推行健康學校運動、參與校長培訓工作及著書立説，直到如今。

回看這一切，都是上主在生命中奇妙的安排和調配而成，尤其是想起十多歲時的那個我，內心充滿焦慮不安、罪疚自卑，既自我中心，又渴望別人認同，對前途迷惘悲觀，不時會自貶自棄，是上主以恩救了我，也以愛教導、保守及使用我，直到今天，深信日後祂仍會繼續如此。為這一生，要獻上無限的感恩！為其他人，特別是年輕人，要送上勸勉、肯定及盼望，寄語：「不要擔心，在你的生涯中，總有工作是適合你的」！

碰上石子怎麼辦？

所謂職涯，就是指職業的不同階段，可分入行、成長、擴展、成熟、退休等階段。每個階段所要學習和努力的地方都可能不同，若掌握得好，工作的效能便會提升。入行時可能需要掌握行業基本的知識和能力、與人建立初步的工作關係或考取所需的專業資格；而在擴展的階段，便要準備升級或創業，其中要學的是領導和團隊能力。到了臨近退休時，便要掌握傳承交棒之道，讓工作有適當的人來接替了。

即使找對了合適的工作，職涯的各個階段有時未必這樣平順：不少人都遭遇過挫敗，例如生意失敗或事業受阻，前路寸步難行，令人想放棄，那些時刻雖很難受，但最能考驗一個人的品格及持久力，而這些素質又要在年幼及在學校裏開始培養的。我常説人若有烏龜堅毅的精神和兔子機靈的頭腦，並能因時制宜，靈活變通，加上堅持初心，不斷努力，事業總有出頭天。所以，在規劃職涯時，不單要注意職業和自己才能的配對，也要用心培養合適從事各樣工作所需的共同品德及素質。霍華德·加德納[註 3]發現，即使同為天才，後天的成就仍可以迴異，而成功人士與眾不同的地方其實有三：

一，他們懂得反思；

二，他們能夠辨認出自己的強項，並能充分利用；

三，他們能夠從挫敗中學到功課，並能捲土重來或重新上路。

他所説到的這些質素，也是可以從小培養的，是有助規劃的一個重要元素（我學生中有個類似的故事：〈覺悟了的毅力龜〉，可以看看）。

亦有等人在從事某一種工作若干年後，才發現自己根本不喜歡做這些工作，便毅然退出該個界別，投入另外一種能給他更大滿足感的工作，發展第二事業（second career）。他們要學的知識可能是全新的，但亦可能已有一定基礎，因為在從事第一份職業時，他們不時在業餘參與第二份職業有關的工作或活動（看看〈你的舞台在哪裏？〉）。亦有許多人因為環境所迫，需要做不大喜歡的工，卻在工餘時間從事自己喜歡的事。我也有不同的學生畢業後，無法從正業幹自己所喜歡做的事，為了謀生便要做其他工作，只能在工餘追求自己的興趣和夢想，例如武術或寫作（有個相關的故事〈打出人生路〉可供參考），並達到專業的水平，我都為他們高興，也許有一天他們的造詣可使他們將興趣達致專業。不過，在今日工作這樣繁忙的香港，這種工餘才能追求興趣和夢想的安排可十分費力和考功夫的！

新職涯不屬於一份工

近年，在年輕人中的職業或工作觀亦已慢慢起了變化，上文有關循序漸進地尋找合適的工作的討論顯得有點死板和保守；他們追求更多的彈性及多方考慮，愈來愈多年輕人在重新評估自己是否要終身停留在一個行業或專業，又或考慮是否只努力爭取進入有規模的公司或機構工作，然後按部就班爭取升級及加薪，甚至會去想是否應追求生活安定、努力儲錢置業「上車」，然後一世當「樓奴」。他們想要的是，多一點發揮自己、多一點體驗人生、享受生活、多一些空間、在工作和生活之間多點平衡、做人多些自主，甚至多一點冒險創新（起碼在事業的初階）。因此他們認同一些跟傳統很不同的工作概念，例如多重身分的斜槓青年（slash youth）、個體工作（freelance）、自僱（self-employed）、休學/工年（gap year）、工作假期（working holiday）、當創業者（entrepreneurship）之類，不再是以不停打工、為人打工、只做一兩份工或終身受僱一兩所機構為足。有問職涯若有這樣的狀態改變，又可如何規劃呢？

在想規劃之前，先去探究這種改變的緣由，希望能考慮到位。這樣的改變我認為有兩個主要原因：

一、在新經濟形成過程中，科技和生產方式出現很大的變化，工種也隨着出現根本性的變化，舊式的工作逐步減少，需要勞動、機械操作或按已有規律辦事的崗位出現人浮於事的情況，年輕人難以找到機會。與此同時新式的工作又缺乏人手，例如需要高端資訊科技創作或操作的職位，而這些職位許多時是合約或短期性的，這種模式有利企業減低長期僱用人手的成本及保持生產或發展的彈性，結果迫使新一代改變工作方式和習慣；

二、年輕人對生活的要求跟上一代有所不同，他們較着重追求生活的素質、個人的感受、自我的表達及同儕的認同，而這些方面的追求可以說是反映「我世代」（me generation）的特性，同時亦反映在工作觀之上。這些特性的好處在於叫人重新關注個體的獨特性、自由及權利，若看得合乎中道的話，本可抗衡社會和機構組織的集體化、抹殺個性及維持既有秩序和維護既有利益的特性；但弊處卻是容易使人變成自我中心、不顧他人及漠視制度。

這兩個主要原因似乎又不斷在彼此配合及加強，大大影響個人的職涯。在這種新形勢下，青年人更要好好明白，現今工作的特性和個人特性，以及它倆之間的配合，尋找合適生存、工作及生活的空間（連成年人也要開始關注，因為前面的工作期還有三四十年之久）。

可以估計的是，目前及將來的社會所需要的服務，比較現在來說，會更個人化（personalised）及以客人要求為主（customised），特別是高端一點的，所以提供服務者必須在該種服務表現出色及有口碑或紀錄良好，否則便得不到客戶僱用了。於是，年輕人若要以新的形態工作，並想能發揮得好，達致成功的話，便必須要具備幾個基本的條件：

一、表現卓越；

二、能獨立工作；

三、堅強、有誠信及責任感；

四、具服務心志；

五、應變能力強；

六、隊工能力強；

七、跨文化工作能力優秀；

八、強而闊的人脈。

這些條件中有些是與專長、所學和識見有關的，也是與前幾章所説個人的獨特性有關，其他的卻關乎培養品格及建立人際能力，全都是年輕人應及早留意及規劃的。而論到規劃方面，又難免要回到之前所談過的步驟及紀律需要了，例如在考慮採取休學 / 工年或工作假期的方式增廣見聞，或在外地和異國文化中體驗工作時，便要好好策劃學習目標、時間、地點、資源、方式等，並與家人友朋好好商量後，才付諸實行。如要在新世代工作有成就，我想要好好檢視自己的動機和能力，並要學習如何審時度勢和與人交流，不要貿然説跟風去做這做那；特別是創業，需要個人有堅實以至卓越的能力基礎，再加上其他的條件，就如資金，才可成事。反過來說，年輕人也不要怕冒險、好逸惡勞、過分倚賴家庭而不肯去外面闖一闖，滿以為這個世界會繼續維持現狀，職場也不會有多大改變。

然而，規劃最重要的仍須回到中心點——即人生目的，按先前所說，由裏而外、層層調適、學習及演繹才好，正所謂「萬變不離其宗」！無論工作方式怎變，工作仍是人生一個重要部分，亦是展現人生價值一個重要渠道，更是上主賦予人獨特的使命，仍然需要以莊敬自強的態度去工作和完成責任，既靈巧又堅持，否則人生只會一事無成。

另外，年輕人也要明白自己正身處於新舊兩個時代的轉變中，舊的模式也不要一下子全扔掉，例如傳統的專業至今仍有其價值，不過，要頭腦機靈，多發現自己不同的特性、強項和潛質，並加強發展，以達到卓越為目標。善用環境方面的變化，找尋發展空間，但也要分辨事物的好壞，擇善而從，不墨守成規，多作創新的嘗試，走出自己的路來，造福別人，成就自己，甚至榮耀上主。例如一個精於醫道，又精於文字和社關的人，除了當醫生外，可能亦會在報刊上寫保健專欄，或成立特別組織推動某種健康理念。

個人相信將來那些能在事業上成功的人，都是能夠持定宗旨，並能跨越不同領域（crossover），同時又能出格思考（thinking outside the box），在不同的文化環境工作，例如走進大灣區或亞太區，甚至歐亞地區的國家（眼光要放長遠一點來看）；或將以前未有想過的元素放在一起（fusion），創出新領域或提出解難新方法，例如創設中西合璧的新菜式或領導管理華人機構的模式。並要以行動落實言論和夢想（proactivity）及在錯誤和成功中俱能學習（learning by trial-and-error and trial-and-success）的人。

提早退休？還是退而不休？

理論上，職涯一般而言到退休時便完了，但亦有人在正式的崗位上退下來之後，因應個人興趣、工作意義或業內傳承等因素，仍然從事相關的工作，甚至是義務工作，這種職志可嘉，也真是從事名符其實的終身事業！這種獻身，亦特別可貴，值得表揚！

今天，在人的壽命不斷延長，人退休後仍然會活一段頗長的日子，實在也需要為退休後的生涯和職涯預先思考、規劃和預備了，但這不是本書的討論範疇！

當然，一個人的職涯亦有可能因為重大事故突然終止的，例如因工作過勞而猝死的（這個在日本常有聽聞），這是較為例外的情況。在這種情況下，不僅職涯要終止，連學涯和生涯也完結，是十分可惜的。人只可以盡人事，並加以防範，但這已超出本書所要討論的範疇。

由於職涯是生涯重要的一部分，職業和工作也是給予一個人今生的身分、價值及意義的重要元素，價值的大小乃在乎抉擇及投入，所以，職涯要好好規劃，不單希望青年人能找到合適自己才華的職業，也要培養正確的態度，積極投入工作，在每一個階段好好成長、發光發熱，毋負今生！

註 1：Jeffries, E. (1998). Work as a calling. In, L. C. Spears(Ed.). *Insights on leadership: Service, stewardship, spirit, and servant-leadership*(pp. 29-37), Indianapolis, IN: John Wiley & So s, Inc.

註 2：關於這點，Tan 在他的 *Leading with New Eyes* 一書中有清楚的描述。Tan, B.H.(2014). *Leading with New Eyes*. Singapore: McGraw Hill Education(Asia).

註 3：Gardner, H. (1997). *Extraordinary Minds: Portraits of 4 Exceptional Individuals and an Examination of Our Own Extraordinariness*. New York: Basic Books.

筆記

職涯發展

+ 職涯是天職
+ 與個人匹配
+ 尋找匹配職業
    - 了解個人興趣或天賦。
    - 留意資歷架構。
    - 留意社會變遷。
    - 在網上搜集一些不同類型的職涯故事，例如從一而終的職人、斜槓青年、創業、多類職業，以了解不同的職業觀和故事。
    - 找一些有助職涯規劃的書籍，做相關練習，有關職涯的思考和規劃。

成功的職涯有賴

+ 懂得反思。
+ 辨別個人強弱。
+ 從挫敗中學習。

思考問題

1. 你對工作的世界有什麼認識？請將三個你感興趣的職業或工作範圍列出來，並解釋一下你為何對這些有興趣。這三個之中，你又最喜歡哪一個？
2. 請你將大學或專業學院所提供有關你所喜歡工作的課程及其主要內容列出來。哪一個是你想修讀的呢？

與人同行的福氣

任俊朗

工程路

中學時，像一般男孩子，我選讀了理科，每個男孩子都唸理科，很正常吧！高中時，被編入應用數學、物理及純數學的選科組合（人稱為「工程類組合」，為了準備走一條工程路的），沒想過今日我會是一個在戒賭、青少年、家庭及輔導工作中遊走的社工。

高中期間，因參加大學資訊日，覺得心理學這玩意有趣，便報讀了港大、中大的心理學系，因高考考得不錯，第一志願被選中，便入了港大社會科學系。

準．心理學家？

以前一直沒有想過自己要做什麼工及如何實現夢想。中學時，只跟着別人走，讀大學只是為「上莊」、「住宿」和玩耍，說到底跟以後自己的工作根本沒有關係。

港大的社會科學是升讀心理學時的必修科，到二年級才可選主修心理學。起先，自以為將來一定會做心理學家，到真正唸這科時，才發覺心理學是那麼難，那麼多生字……

最後我決定改主修社會學，好不容易才讀完三年大學。大學唸了些什麼？恐怕美其名説是學「批判思考」，實際是「非專業」吧！

畢業後，我開始想：究竟想做什麼工作？那時候，我向上帝作了一個祈禱：「上帝，我唔係要人工高，如果可以俾我玩玩下幫到人，咁就好喇。」

試試好玩的助人路

這個想法源自大學時我上過的「歷奇為本輔導」課程，課程不用做功課或考試，只是玩耍、去露營，去體驗，但我學到的，比我上課的還要深刻。畢業後，我想起這一科，也想做這方面的事，想到若這樣能幫助人，會是多好！結果，上帝應允了我，我進了當時香港業界有名的 YMCA 日營部，開始負責計劃及籌備營會，像騎馬營、煮食營、自我挑戰營等，由小至大一個一個的計劃及安排。誠如 YMCA 日營部的口號："Building strong kids, strong family, strong community."，不少營友都在我所辦的營會中學習成長。

我也在成長，不甘心只在做收費的助人活動，想走到更前線、幫助更有需要的人。結果YMCA把我從日營部調到深水埗、東涌等水深火熱的地區工作，讓我體驗貧窮人的需要。我花了兩年時間在深水埗、東涌區認識社工的工作，很感恩，當時公司因為我是內部調職，容讓沒有社工註冊的我做社工的工作。兩年過去了，我弄清楚了自己的召命：要做社工！

我的領悟是：「你願意踏出第一步，你便會知你是否行得對，肯去嘗試，才會有第二、第三步！」

社工路

結果，我再走入理工大學兼讀社工碩士。從未試過那麼用心讀書，也從未試過下班後仍那麼想去上課，更從未試過會在堂上問那麼多工作上的問題……因為要學以致用！當你找到你的召命時，便找到動機，哪怕辛苦，哪怕要兼讀，那時候你便會有動力、奮力去做。結果今日，我成為了真正的社工。

如何知道自己的召命是社工？

老套的話：「生命影響生命！」每次見到服務使用者改變，見到他們的淚，我都為他們感到扎心。每次見到他們滿足一笑或願意真誠地和我分享經歷時，我便知道沒有錯誤選擇當社工。當社工，不是救世主，不一定幫到人，但有幸在他們的困境中與他們同行，是何等的福氣！

做了 14 年社工，做過有關兒童、青少年、就業輔導、貧窮、家庭、戒賭、情緒輔導、家長的工作，跑了半個社工的世界，讓我更清楚自己的召命。今天，如果有個新一代的年輕人跟我說：「任 Sir，我當年就是因為你而改變，所以今日也做社工！」以生命影響生命，不就是支持我繼續跑下去的理由嗎？

白衣天使的夢

黃穎欣

踏入職場已經一年多，每次穿上護士制服，除了代表一份責任，對我而言，更是對自己努力爭取的成果的一份肯定。

我不是很早就認定自己的夢想。決定走入護理行業，是中七完成高考之後的事。作為一位文商科學生，這是一個比較大膽的決定，一來在學業上會較其他理科班出身的同學吃虧，二來文科生只有一半，甚至更少以讀護理為出路（大部分註冊護士的課程都要求考生修讀至少一科理科科目），最後，別人需用四年完成的大專課程，我卻用了七年。

不得不承認，在追夢的過程中，心中有不少的拉鋸戰，不斷反問自己到底有多渴求去成為一位護士？而我的能力又是否足夠去成為一位護士？畢竟單憑一顆熱心，在護理這一行，是不足以去應付日常的工作。在唸護理的過程中，見到有成績比我更好的同學，有工作效率比我更高的同學，論成績、論表現，我並不是最突出的一位，有時會擔心自己只是空有一份熱誠！慶幸的是，從大學講師所分享的心得中，我釋懷了，由質疑自己的能力，我漸漸變得有自信，而且在病房的實習中，亦得到其他同事對我工作熱誠的肯定。

或許在其他人眼中，用七年時間去完成一個學士課程是極為浪費時間及金錢的做法，的而且確，我是繞了一個大圈才到達目的地；但從另一個角度來看，感恩我有機會繞過這個大圈，去看一看外面世界的風光。正是因為人生不順利，我才有機會去接觸其他行業，去突破自己的性格。由於看着中學同學畢業後都準備找工作賺錢，我不期然也急起來，於是去做不同的兼職工作：補習老師、餐廳侍應、月台助理、產品推銷員等，迫使我去學習與不同的人相處，又了解到其他行業的難處以及運作模式。假若我畢業後便順利升學，這一切都不會遇到，而且因為有了比較，我更加肯定自己真的享受護理工作！

夢想不一定要很偉大，可以是平凡的。穿上註冊護士制服一年多，感恩到今天仍然在工作上得到愉悦感，仍然能在上班的路途上帶着一份衝勁，仍然在下班的時間能掛上笑容。我的夢想並未完結，順利畢業成為護士已經成了我過去的夢想。或許每個人對夢想實踐的指標都不一樣，而我認為成為一位護士只是起步，如何能夠持續地在護士的身分上得到快樂和滿足感，則是夢想的延續。

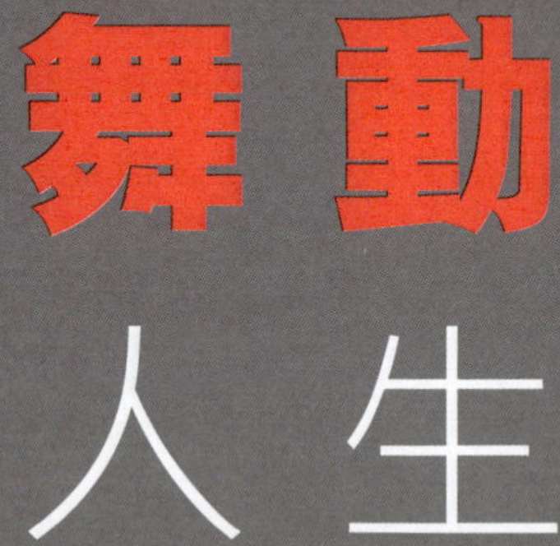

何希雯

我從小學習芭蕾舞，在 2004 年的暑假，媽媽在大會堂看到關於拉丁舞班的招生海報，便替我報名。初上課時，我見到所有同學都穿着整齊，態度專業及認真，覺得相對於以前的芭蕾舞興趣班，分別很大，我很清楚自己需要什麼，就是想學得更好，所以選擇了跳拉丁舞。

後來，老師要教導雙人舞蹈，媽媽便找了我的契哥來一起學習，之後，我們更在同一所中學唸書，時間上可配合得更好。老師知道我們有固定的舞伴，便替我們編排了比賽舞步，讓我們可踏上台板演出及比賽。

舞蹈改變了我

參加了體育舞蹈之後，我改變了一些生活態度：小時候做事馬馬虎虎，但現在知道每件事不是只對自己交代便可以，還要對得起家人、老師等，例如我們的名次都會直接影響老師及屬會，家人也付出了金錢及時間，不能辜負他們。

由於舞蹈上課及練習需時，要好好分配時間方可，私人時間都沒有了，剩下來的只有睡眠時間，課業亦只能在學校內及深夜時分完成。比賽中也有很多裝備要帶，例如舞衣、舞鞋、飾物、能量飲食等，要是漏帶了，就無法參與比賽，這種種都建立了我執拾的習慣，以前依賴家人，現在要自己負責。

在中學期間，我們已是香港代表隊成員，經常出賽，需要向學校請假，課堂的知識很多時沒有學好，要麻煩老師及同學替我補課及記下要點。中五那一年，因要去英國參與大型國際比賽，我們甚至放棄了期末考試。返港後，我知道不能放棄學業，便與家人商量重讀一年中五應付高考，幸好家人諒解。我和舞伴後來因意見不合而拆夥，但導師當時的勸勉仍留在心裏，她說：「跳舞不是自己跳得好，也不是舞伴跳得好便可以，跳舞需要兩個人合作，才有好的火花，正面的結果。」

高考後，我考入大專院校，亦繼續舞蹈生涯；畢業後，除了繼續出國比賽，還開展舞蹈導師的生涯，教導小朋友拉丁舞。

自學習舞蹈第三年開始，我一直代表香港參加比賽，更獲老師邀請加入輪椅舞蹈，與殘疾人士合作參加比賽。2014 年，我們參加了韓國仁川亞運，獲得一金一銅的成績，更獲特區政府頒發社會服務獎狀表揚，教家人及老師為我們高興及感到驕傲。家人真沒想到，一張招生海報會令女兒走到在比賽中取得獎牌及擁有世界排名的地步，他們的扶持真可說是我舞蹈生涯上一條往上走的扶手電梯。

2016 年，我入讀了香港演藝學院，修讀戲曲學系。這是我人生中第二個起步點，起初很難適應，花了半年時間才開始弄清粵劇是什麼一回事，但我仍想給自己多一個機會，在藝術上，能多走一條路就多走一條。大家得知此事後，都問我日後是否要做粵劇演員？我的回覆都是「可能吧，希望可以！」我知道藝術行業不能帶來很高的報酬，目前算是足夠養活自己，但一想到是屬於自己選擇的路，這全都是值得的！

第 7 課

心動不如行動——
落實規劃的態度

規劃許多時候是資訊收集及思想層面的事，就是將它寫下來，都只是白紙黑字，仍不是現實，直至付諸行動，一步一步的去實踐，否則倒頭來亦只是空想一場。「千里之行、始於足下」這句智者的話十分適切！既然説是生涯規劃（當中自然包括學涯和職涯），落實的時間應是畢生之久，當中所需要的是些什麼態度呢？我想有三種態度：

一、堅毅不拔

很明顯的，這個千里之行，少一點決心和毅力也不行，因為在漫長的人生歷程中會有許多高高低低、迂迴曲折的路和關口要走過，若心內沒有對人生目的和目標的認定，並保存內裏那團火，很容易便會因挫折而中途放棄，弄得往後的日子在人海中漂來漂去，原來的規劃化為無有。我有位學生就是靠着一份堅毅的精神，圓了他做飛機師的夢（他的故事可在〈終於飛上青天〉讀到）。我們所敬仰的南非第一任黑人總統曼特拉也是個很好的榜樣，他一生追求種族平等，但路途障礙重重，為此也坐監廿多年；但在獄中，他堅定信念，亦發展出改變事情的策略，結果有美好的成果。《聖經》中受命領以色列人離開埃及那為奴之地的摩西，也要經常面對族人的埋怨及悖逆，要求返回埃及，但他靠上主剛強，拒絕走回頭路，並且與以色列人在曠野一起漂流四十年，最終靠着主恩成功將他們的後代帶領到應許之地的門外！

二、靈活變通

目的和標竿正確，便不要變，但策略和計劃卻要按環境而作出改變，例如曼德拉初期計劃用武裝革命達到取消種族隔離的目標，但後來卻受到阻攔，甚至下獄，於是按形勢改變其策略，放棄用武，並採取正確的和平之路，結果促成黑白人之間和平共存。你我的目標雖然未必像曼德拉這樣宏大，但在落實規劃時，仍然會跟他一樣遇到一定的挫折，有時要攻堅犯難、迎難而上，有時卻需要繞路而行或另闢蹊徑，無論如何，都不要改變初衷，始終走向標竿，才有所成。

這種達到終極標竿的靈活做法可稱為策略性行動（strategizing），因時制宜比一次過擬出詳細、完整、白紙黑字的策略和計劃，然後按本子踏實執行來得靈活、有效。世事許多時是變幻莫測、未必事事如意，人有時就是要因時、因地、因人制宜，只要持定初心！

筆者相信對於信徒而言，這一切都是上主給人自由去學習和抉擇的，只要我們願意與神同工，保持榮神益人的核心不變，策略和方法是可以變通的！這有點像足球比賽，教練有了戰略，還需球員臨場變通走位，恪守球例，發揮球技，互相配搭，並在法定時間內入球，才能勝出！人生真像一場球賽，充滿變數，結果難料，但若訓練有素、規劃妥當，又全力以赴、隨機應變的話，在特定的時空中勝出的機會還是很大的！當然，信徒也可在落實人生使命時得到從上而來的啟示，例如保羅已立志專心傳道宣教，按自己的計劃，本來要繼續向小亞細亞地區進發，但聖靈不許，反引導他渡海往歐陸的馬其頓去，他亦依從，展開了歐洲的宣教行程，也影響了普世教會的發展進程。

以上兩種態度——堅毅不拔及靈活變通，可從《龜兔賽跑》的故事中得到些啟示。傳統上，我們只聚焦在兔子身上，但今天我們可從烏龜身上學點道理。烏龜願意落場參賽，因為他要證明自己是做得到，他要贏的不是兔子，而是自己！兔子本來也機靈，可很快到達終點，可惜因自負壞事。所以比賽最理想的表現是龜兔合體，既有烏龜的堅毅，也有兔子的靈巧，在面對任何挑戰或落實任何規劃時，無往不利（對於這個故事的現代詮釋，細節見拙作《起跑了，贏在終點！——龜兔賽跑之現代啟示》）。Michael Fullan 也曾在 *Leading in a Culture of Change* 書中提到，那些能夠持續發展的成功企業都具備兩種質素：烏龜的堅毅精神（tortoise mind）及兔子的靈巧思想（hare brain），當然還要能將二者付諸行動。這個説法看來不只可以應用在公司發展，也能應用在個人的層面，特別在漫長的生涯中，靠這些質素走出自己的路來。

三、信、望、愛

信、望、愛是基督教的核心信仰，也可説是人在生涯中所能具備最好的心理質素。人若能夠對自己、對別人，甚至對上主都存信心，便會有充足的安全感。人若同時能對自己和別人向着好的方向轉變存有盼望的話，對前景便抱有期望，也會產生向前及為善的動力。尤有進者，人若對自己、對生命、對人、對這個地球，甚至對上主有愛的話，便會有最持續、最大的內動力去按自己的生涯規劃做積極、有益大眾的事。反過來，若心裏充滿疑惑、失望及怨恨，又哪來能力規劃生涯和落實規劃呢？這其實是明顯不過的！

人抱持上述這些態度，仍需一步一步地落實規劃，並檢視過程，有需要時便作出調整，更正方向。每當遇到障礙和挫敗時，可將失敗視為學習的機會、將危機變成契機，走出自己的路來，必要時，也要謙虛下來，找人幫忙或指點迷津。若然計劃初段成功，也需要學習肯定及獎勵自己，讓自己有更大的動力繼續向前行。最好多讀一些勵志的故事，讓別人的奮鬥和智慧來堅定自己的志向及豐富自己的規劃，也讓別人的失敗經歷提醒自己防備陷阱及應付挑戰。不過，緊記別人做不到的東西你不一定做不到，只要目標正確，便要堅持下去，才會有突破和成果。

為順境、逆境做準備

一般人在幾十年的生涯中，總會遇到高高低低，甚至兜兜轉轉的經歷，令人容易失去方向和力量。人應學曉如何處順處逆，不因生命順暢而沾沾自喜、自以為是，也不因生命艱難而自怨自艾、氣餒放棄。在山頂時，要高瞻遠矚，領悟「一山還有一山高」的道理，亦準備去攀爬另一個高山。身處低谷時，又應學曉如何自處，不怨天尤人、不自憐，能忍受難處，並努力儲備能量，等候機會，準備由低處開始，去攀爬前面的一座山。

信主的人，無論身處高山或幽谷，都要謙卑求告上帝，祈求所需要的視野及能力面對前路，並堅信耶和華是牧者，祂會為自己的名引導我們走義路。

在這一點上，我也有一個見證：十年前，我本來規劃退休後，與太太去環遊世界、享受退休的生活，那知退休前一年，她因癌病返回天家，全是意料之外！我無兒無女，唯有專注教育。過了幾年，上主又讓我遇到一位同樣喪偶的教友，大家情投意合，於是再婚，互相照顧起來，由於她有兩個孩子，我便需要參與及擔起教養他們的職分。我沒有想過此生會當起父親來，既來之，則安之，現在每天要應用在教育上所學過的，與他們相處及培育他們，也要多留意有關家庭培育及親子關係的新聞或書刊，增加這方面的知識 —— 不過，這些還是可以規劃的！世事雖變了，但自問助人自助、益人榮神的心志沒變，感恩祂也給予我機會，一切都是我無法預計得到的，只有讚歎和稱謝！

平步青雲還是大器晚成？

或有人會有問：人自小一帆風順、平步青雲，是件好事嗎？我會回應說，若然少年得志，卻不懂謙卑及居安思危，是不好的，《聖經》曾說幼年負軛原是好的（參〈耶利米哀歌〉3：26-33）！「軛」一般都是很重、叫人想掙脫，但若學曉如何靠主、學主去負，軛可以變得輕省容易，並且帶來意義、安息和力量（參〈馬太福音〉11：28-30）！英文聖經 *Message* 譯本提到，主所給我們的軛並非不稱身的（ill-fitting），而是特別為我們這個人剪裁打造的，所以要好好學習如何負自己的軛，並發現當中的好處。

中國人也有句話：「天將降大任於斯人也，必先勞其筋骨，餓其體膚，苦其心志。」大意是說人若然想一生有用，甚至有大用，便需經過千錘百煉，這些話現在似乎很少人說了，但卻是人生的睿智，是我們應儘早把握的！我有個好友，自小喜歡作畫，後來在大學進修藝術，之後便獻身傳道，在美國著名大學攻讀神學，達到博士水平。他有一個心志，就是想將藝術與信仰的關係介紹給信眾，但這方面的路途並不太順暢，亦曾有壯志難酬、灰心失意的時刻。近年，喜見他在 YouTube 開展了一個畫廊的平台，向世人介紹名畫及其背後的思想，亦在美國與人合辦講道學院，也是一個可將藝術融入信仰及傳道的好平台。他已年近60，一生經歷不少轉折，但這些卻豐富了他的人生經驗及藝術生命，相信是上主給他的塑造及鍛煉，也是中國人所謂的「大器晚成」吧（他的故事就在〈我的非典型藝術路〉，很值得看）！

在先前引述過的《聖經》中，「大器」就是在大戶人家中的金器、銀器（參〈提摩太後書〉2：20-21），是貴重的，就如摩西、保羅等這些人物，都是經歷過上主長期的鍛煉和造就，才成為劃時代的人物。彼得也説信心需經艱難的磨練，才能如精金般寶貴（參〈彼得前書〉1：6-7）。所以，當我們遇見逆境困窘，要視它們為鍛煉的機會，謙卑忍耐，求主加智慧及力量去經過！《聖經》也明說人若想成為貴重的器皿，便須自潔，脫離卑賤的事。原來在生命可否成為有用這件事上，人可以自決，並與神同工，讓祂塑造，發揮潛能，結果便能榮神益人，也成就自己，人一生的果效原來並非只等待命運的安排！舊約《聖經》裏有一名叫雅比斯的人物，曾向上主發出一個禱告說：「甚願你賜福與我，擴張我的境界，常與我同在，保佑我不遭患難，不受艱苦。」（〈歷代志上〉4：10）上主應允了他的禱告。我相信他蒙應允，不單單是因他有信心、肯尋求上主，也是因為他的境界若得到擴張，境界內應以上帝為主、有真理、有恩典，不像其他許多地方，是膜拜偶像之地！

做有方向的人

人生漫漫長路，不可預知的地方當然很多，但按常理而言，可規劃的空間仍多，而最能預備好的，莫如人生的目的及態度了。若要達標，便要在這兩點多下工夫了！定下清晰人生目的，便有明確的方向去規劃；抱持正確的態度，便可積極做人，將規劃靈活地落實，結果無論如何，人都跑好當跑的路、打好要打的仗及守好所信的道，求上主將人生所需的智慧加給我們！

筆記

落實規劃的三種態度

+ 認定人生目的和目標，堅定不移。
+ 遇上阻礙或挫折，採策略性行動，因時制宜。
+ 對上主存信心、對神對人帶着愛、對生對未來心存盼望。

試想想

+ 生活上有什麼可以幫助你練習持之以恆的決心？運動？美術？學習？透過這些練習操練個人心志。
+ 不少職人故事都有堅毅不拔、有靈活變通和信、望、愛這三項元素，不妨找來讀讀，自我勉勵。

思考問題

在落實自己的規劃上，你覺得哪些方面你最弱？可以怎樣克服它們呢？

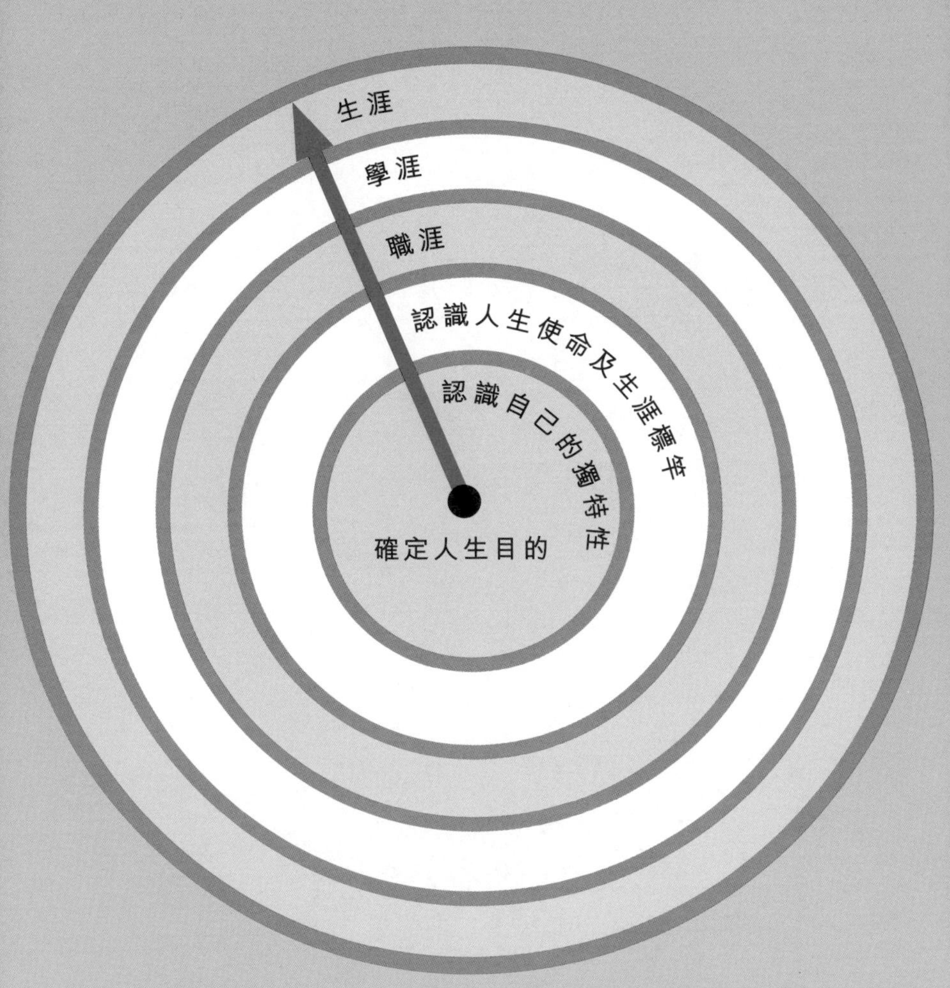

生涯
學涯
職涯
認識人生使命及生涯標竿
認識自己的獨特性
確定人生目的

終於
飛上青天

林祖翰

很多男孩子都想過要當飛機師，我也是其中一員，但與其説是夢想，不如説是一個幻想，跟做太空人，駕駛戰鬥機一樣，都是妙想天開的想法。我這樣説，不是認為人不應該追夢，而是説小時候，根本不知道實際上真有這些可能性。身邊沒有人當過飛機師，而且印象中的飛行員都是外國人，就如很多人還以為若有近視，便不能駕駛飛機一樣，所以從沒有認真以飛行為目標。今天可以入行，想來除了自己付出努力外，亦因機緣巧合及幸運。

毅力比天分重要多了

中學時基本上跟大部分同學一樣，都沒有認真計劃長大後要做什麼工作。選讀了理科，其一是因為比較適合自己，其二是它能在大學選科時，提供最多的選擇。在學業上，算挺順利，因選到自己想唸的科目及會考及格，可在原校升學。到了預科時，我遇到了兩個改變了我很多的人。兩個都是其他學校來的轉校生；一個是我的「假想敵」，一個成了我的好朋友，他們的共通點是，異常有毅力。「假想敵」每科成績都比我好，無論我如何努力，成績都追不上他。事實上，若與他相比，我的努力只是小巫見大巫。他來的時候，英文不太好，為了進步，每天都會帶着一本英文詞彙的書來看，到學期尾，英文會話成了全班第一名。他不是一個運動型的男生，不過為了健康，每天放學都會去跑步，並且愛上跑步的他，竟成了運動會 3000 米跑的冠軍！他的存在令我十分妒忌，亦帶來很大挫折感。一年後，他被大學拔尖離開了，雖然「無仇報」，卻給我上了寶貴一課。

而我的朋友則是一個重讀生，第一次會考的成績非常一般，重考時卻突飛猛進。他不是那種「天才型」的學生，往往要花點時間才能理解課本內容，不過他會花的不只是多一點時間，亦會很謙虛的提問，再用很多時間去溫習理解。他的勤力令他成為班上成績最好的其中一員；亦拜他的激發，我高考才能取得好成績。他們倆令我深深了解到，毅力比天分重要得多，成功不是表面所看到華麗的表演，而是外人看不到背後那一點點付出、一個個失敗所累積起來的結果。

我大學時因興趣和想更了解自己而選修了心理學，令很多老師「跌眼鏡」。他們都認為我應該選讀醫科、工程或數理科，甚至有一位對我說：「心理學搵唔到食啊！」大學時，在偶然的機會下，得知香港有飛行員培訓計劃，飛行突然成為一個可實現的目標。自此我便下了決心，一心一意為此努力，所有關於航空的書籍和雜誌都成了我的讀物。偶爾間，我讀到一系列書籍提及航空的人為因素，發現原來心理學對我投考機師有很大幫助，說的不是面試時跟考官的博奕，而是飛行除了機器的操控，也講求機組人員溝通以及與飛機系統之間的溝通及互動，心理學正是現代航空業從過往意外中尋找方法提升飛行安全的重要工具之一。

曲折的航道

追夢的過程並非一帆風順，當中經歷了很多失敗，甚至有時會懷疑自己是否適合這份工作。在失望時，我仍不斷嘗試找出自己的不足及設法使自己進步。為了對航空有更多了解，我投身航空交通管制，成為見習生，亦花盡所有積蓄到紐西蘭學習駕駛小型飛機，切實體驗飛行是怎樣的一回事，同時亦不忘問自己是否真的能夠接受一些因飛行而帶來的新生活方式，例如每數月就要接受大大小小的審核、往往要熬夜、以及有機會錯過一些與家人共渡的重要時刻等……數年過去，在多次投考後，終於收到見習飛行員的取錄通知，當時我在民航處的工作已經開始上軌道，興奮之餘，亦有要離開平穩生活走向未知將來的不安，因知道在飛行課程中被辭退的大有人在，而且在航空公司過不了升級試而被開除的人亦不少。不過，機會擺在眼前，實在沒理由臨陣退縮，叫自己後悔。其後的受訓過程並不容易，需要大量努力及適量運氣，幸好我的經歷還算順利。

現在我在香港一間航空公司任副機長之職，很享受工作帶來的滿足感和樂趣，因為每次飛行我都要與同僚一起面對挑戰及完成任務，駕駛一架龐大、先進及設計複雜的飛機，把其上來自不同行業、五湖四海的乘客平安地送到目的地。此外，每次飛行的拍檔都不同，閒聊中常發現很多同事原來都有第二個身分，如企業家、潛水教練、登山家、奧運選手、專業攝影師……雖然大家都喜愛飛行，而且都達成了目標，生命的步伐卻沒有因此停下來。

所謂「追夢」，對我來說，是一個不斷變化但又不會真正完結的過程；不只身邊的環境不斷地改變，甚至目標本身亦會不時改變，即使到達了一個個所謂的「目的地」，人生的進程很少會因此而美滿地結束。滿足過後，人往往又會感到飢渴，需要尋找新的目標及接受新的挑戰，過程中則要我們不停地思考、反省、調整及應對，人就是要不斷去學！

第 8 課

我走到目的地了嗎？——量度規劃成果

要量度生涯規劃的成果，一定要回到起點，就是規劃所源自的人生目的：究竟是為己、為人，還是為上主呢？每一個目的自有量度成功的一套標準，正所謂「差之毫釐，謬以千里」，也是《聖經》所說「種的是什麼，收的也是什麼」！

為己而活

因為相信「人一世，物一世」、「今朝有酒今朝醉」，那些選擇為己而活而重視物質主義的人，量度生涯是否成功自然會看自己一生能賺得多少利益，包括金錢、名譽、地位、權力和物質享受等；對這些人來說，這些東西都是非常重要的。既然認定當今生結束時，這一切也都會同時消逝，所以要趁着還有生命氣息的時候，儘量（也希望儘早）擁有及享受這一切，認為能如此做，才算是成功，才對得起自己！我推測以上的想法其實也是社會上很多人內心所抱持的價值和目標。人愈自私，愈會受唾棄，若堅持這樣做，即使家財萬貫，最後只會落得孤寂，這也是選取這種人生目的要承受的結果。人最怕窮得什麼也沒有，只剩下金錢！那些只活在科研、藝術或嗜好天地的，今生也許會有自我實現的滿足感，甚至一些超乎常人的經歷或創建，可以傳世，但可惜與以物慾為尚的人一樣，最後一切都會隨生命消逝、回復虛空、寂靜！猶幸在現世裏，很少人是絕對自私或自我中心的，因知道這樣會惹人憎嫌、難以快樂生活！

為人而活

量度「為人」的生涯規劃成功與否，自然會看看個人對他人所帶來的益處有多大及是否按規劃來達到了。這些益處應是指一些真誠的服務和公益事情、一些在所處的機構或地方，甚至是社會中的改革、一些建設或一些對人類有益的發明或發現等好事。世界最成功的表現者莫如歷屆諾貝爾得獎者，光纖之父高錕就是其中之表表者。做這些事的人能留下的，是別人對他的回憶和懷念，甚至可以流芳百世，不過別人記念的程度又在乎人在做這些事情的時候所懷的動機及所作出的犧牲了。動機愈無私、犧牲愈大，被人記念的機會便愈大愈久；有因必有果，兩者的關係都很公平，例如德蘭修女，一生為貧窮人付出，贏得萬人景仰！那些獻身給某些信念或主義，並追求社會改革的人，若見到現實真被改變，成為美好，亦會喜悅滿足，反之，便會充滿挫折感，甚至感到受騙、感到虛空捕風。無論投身什麼事業，人都要慎始，要先弄清楚所信的是何事、是否值得獻身，甚至為之受苦！

為上主而活

為「上主」的生涯規劃成功與否，就不是單按人間和社會的標準去量度，而是按信仰的標準量度了！身外的成功並不一定在上主眼中看為真正的成功，今生的風光許多時反而是捕風捉影、虛空短暫的。我想成功的標準乃在乎人是否誠實回應上主的感召，並努力倚靠祂去落實從感召而來的規劃，不過，這一切只有祂最清楚！倘若人是誠誠實實的生活，並存敬畏的心倚靠上主活出他應有的樣式，愛己愛人，又按祂賦予的天資及賜予的機會，與祂同工同行，理應祝福到別人，並按《聖經》所說的，所作的必得賞賜，所結的果子亦必存留到永遠！主曾說過，那些真心跟隨祂的人無不今生得百倍，來世得永生，「百倍」所指的主要是非物質的獎賞，例如能祝福別人、也能成就自己，但也可以包括物質的，許多誠實的基督徒因勤奮儉樸、貢獻社會，都能解決溫飽生存的需要，甚至積聚財富，並以金錢繼續行善。這樣蒙恩福的人今生的建樹，可能是明顯的，受社會推崇，甚至名留青史，但也可能是隱藏、不被人知悉，一生的果效要留待在審判台前才會顯明及得到獎賞。這不是説人若要永存不滅，便要靠賴善工（那一定要靠主耶穌基督的救恩才行！），而是説自古以來，上主的美旨是要我們人靠賴救恩得到永生，也靠賴恩典在世活得精彩、活得充實、活得豐盛，並益人榮神！主耶穌曾這樣應許説：「我來是要叫羊（人）得生命，並且得的更豐盛！」(〈約翰福音〉10:10）對信主的人來説，這話是十分真實的，也是規劃成功與否的標準！

回到初心

人若只為今生而活，所得的成果便只局限於今生了，但若相信除了今生，還有來世和審判（用現代述語來説，就是問責、交代、要為此生負責），又願為此而活，並做好準備的話，那所得的應是永恒的了！正如前文説過，這三種人生目的都會按人的抉擇存在人心目中，大部分人既為己，也為人而活，二者亦有強有弱，也不時此起彼落，甚至會互相矛盾或彼此交織。對信徒而言，在這之上，更加上為主而活方面的挑戰。無論是誰，在三者中選擇孰輕孰重，便決定了他此生的成果。不過，人只能看到外貌，唯有上主知道我們的動機和生命的成果：究竟我們此生是為了什麼拚搏？將來又會怎樣？《聖經》說將來會有火的試驗，將我們生命工程中那些經不起考驗的部分燒掉，而那些像金銀般寶貴、並燒不掉的部分卻要存留到永遠（〈哥林多前書〉3：13-15），所以，我們要趁早選擇為上主而活，按祂的教導去愛人、愛己，也求祂給予智慧去規劃人生！《聖經》說人種的是什麼，收的也是什麼，流淚撒種的，也必歡呼收割，但願各位能及早思考人生的目的，並活得更豐盛，成功達標，此生無憾，成果永存！

筆記

為己而活：賺得夠多嗎？享盡所有嗎？已經滿足嗎？這一切都能存留嗎？

為人而活：為別人帶來多少益處？為社會帶來什麼貢獻？

為主而活：已落實從神而來的感召與使命嗎？

+ 你可以試找一些為自己 / 為他人 / 為上主而活的人物故事或傳奇，從他們的故事量度一下自己的目標？有沒有什麼要調校？
+ 試列出你生活中各項佔據很多時間的人事物，他們都正替你活出人生目的嗎？如沒有，怎樣加強或調校，好讓你對準目的不會偏離？

思考問題

你相信自己的人生會成功嗎？你見到什麼成果，才覺得自己的人生是成功的呢？

闖出一片天

江惠賢

我是一個婚禮攝影師。十年前有機會接觸攝影時，我知道自己已找到了人生方向。對這個行業來説，28 歲才入行是非常遲起步了。

中學時我的成績和操行不太理想，種種原因令 16 歲的我要出來社會工作。起初一直對自己説要邊打工邊修讀夜校，有機會要重考會考，因明白到未完成會考的話，便很大可能只可以做一些低層工作。當時，我做過售貨員、帶位員，也做過侍應生，一直都不太喜歡這些工作，也早知道一直幹下去也難有大成就，於是工餘就去上夜校，可是這種生活模式維持了不過四個月。那個時候，為要賺取生活費及私校學費，曾一天做兩份工，為了一星期有四天可以提早下班上夜校，其餘的日子便一日當兩更。回到夜校時，不是腳腫疲累，便是直接伏在桌上睡，我迫不得已只好放棄。離開夜校之後，自己更加努力做工，因心有不甘，覺得人生不該這樣，自己可以好一點，後悔自己沒好好珍惜在學時每一個機會，在當刻，感覺一切好像完蛋一樣。

及後的日子，知道有些同學上了大學，推算他們將來一定會成為更好的人，亦會有高尚的職業。我沒有自卑，也沒有不甘心，人就是有不一樣的際遇，也有不同的磨練，必須去面對和承受。那時當侍應生的我對自己說，就是做侍應生，也要做最賺錢的，所以我很少休假，連假期也賣給了公司。由 19 歲至 25 歲那六年，我當了個在公司中佣金極高的售貨員。我一定要令自己成為行業中做得最出色的一位。

工作不出色，就沒有路了？

但有一天，有位外國客人來光顧，我竟一句都答不上話，於是知道自己始終沒成為這行業最出色的侍應，自己的確有很多不足。那個時候正流行携帶式學習外語耳機，我便用它來慢慢自學。輾轉間，又轉了三四個行業，當去到一間外資公司上班時，已經 26 歲了，但在那個辦公室裏，我只當一個可有可無的角色，我在想可以做什麼才能有一番成就？做什麼才能獲取工作的滿足感？全公司上下都是大學以上學歷的同事，我明白到這不會是我可發揮的天地。

後來，我有機會買了一台最廉價的專業相機，自學攝影，上網到討論區發問，後來也認識了一班影友，就開始我的攝影生涯。

在攝影的路上，我不需要去證明自己的學歷，只要用工作的成果去展示能力，當時，我知道要以此為發展方向。過去十年，在每一份攝影的工作中，我不停與不同的人溝通、攝影，發現只要有自己的風格、創意，加上與人有良好的溝通和給人合適引導的話，必定能做出一番成績。

從2009年剛入行時拍攝一組婚照才賺到幾百元的我，一直在努力，在客人的口碑和介紹下，在2013年開始有機會到世界各地拍攝。這些年間，我要硬着頭皮說英語，從一隻字一隻字說出詞不達意的話，到如今能與很多外國朋友流暢溝通，都是這個職業和閱歷所帶給我的。電台及雜誌訪問也接踵而來，我從不介意讓人知道自己才中五畢業，並且沒有考過會考，因為我的技術並不需要這些去支持和證明。十年過去了，至今我仍非常喜歡攝影的工作，因可給人留住美好及快樂的回憶，並且得到客人認同。這是投入社會工作21年裏的第十份職業了，如果當攝影師是沒有期限的話，我希望這是我的終身職業。

我覺得人最初在完成學業時，若沒有人生規劃，其實不用着急，若未找到人生方向，也不用迷惘，只要相信自己的能力，清楚自己的長處及不足，當機會來到時，懂得把握，一定會闖出自己的一片天。

第 9 課

你只可活一次

對生命作出規劃與否，是人的抉擇。按常理説，人若有生存的目的，便容易有具體的標竿，有了目標，便有方向感，若加上合適的生活態度及規劃，最後達標的機會也更高，隨之而來的充實感及滿足感也大。

但人亦要預計人生會有一定的壓力及挫敗感，需要去承受及超越。人即使不選定目的，太多也不作出任何規劃，其實可以生存下去，看來也可以少些壓力，只是許多時會感空洞、生活無大意義，這樣的人生也許仍會有所成就，但會以為那是偶然、意外或命運使然的，滿足感也不會大，源於未曾主動及積極地投入過。

相信讀者到此會同意，職涯、學涯和生涯三者連環緊扣、重重疊疊、交互影響，三者若有同一個中心點：即做人的目的一致，像頁207的同心圓，其所能產生的協同效應一定比三個不同心的圓圈疊在一起時更大，其人生的功業和使命亦會較清晰，無論在生活、做學問、建立家庭、發展事業、服務社會，以及服侍教會各方面，都有定向，最後因一生努力而有成果的機會應是大的。舉個例説，若一個人堅持中心點是為上主而活、一生以醫護為志的話，一生所追求、所參與的，都以此中心點來調校，無論學的知識或從事的工作，好壞和成敗都以上主的角度來看，他的三種「涯」較易整合及互相鞏固，內心更有定見，一生的果效，例如受到他愛心醫治及護理的人很多，功業亦會更明顯。反過來，三者若沒有共同宗旨的話，會產生自我矛盾、內耗及精力浪費的情況，一生的果效亦會大打折扣，就如一個人基本是為自己利益生活，但選擇的職業卻要利他（例如醫護），所學及所做的事常在利己和利他中間搖擺，結果內心會很矛盾，甚至兩面都不討好！容我再說，人應慎始，抓好中心點，也應規劃將來，更要落實規劃，若能在年輕的時候便能確定人生的中心點，會是十分理想的！

人生可不可畫一條直線？

不過，我得承認書中所列出這三者規劃的步驟和次序是較線性的，按常理循序漸進去想，說先規劃生涯，後規劃學涯和職涯；而在規劃生涯時，又倡導先定出人生目的，再定標竿及其後種種。現實的操作可能複雜很多，可能發現三者要同時處理，因互相影響，也要反反復復的探討和反思。可能亦有人會想將這個次序倒轉過來，先解決職涯這個實際的問題，再想其他，或在規劃生涯時不先去定人生目的，只談目標和策略，這些選擇固然可以，但操作時不要忽略上述三個涯連環相扣的特性。此外，也要知道定立人生目的這回事始終迴避不了，可遲一點想，但不可能不想；也不要到晚年才去想，免得到時會感到無奈和唏噓，並且若能早點確定，達標和完成目的的機會理論上亦會較大。

讀者在書中亦應找到我所倡導最理想的「生涯規劃」模式是怎樣的，就是人為了回應上主的創造及救贖的慈愛，先在心志上，選擇為祂而活，以此為終極的意義，奔向永恆；其次，選擇以祂所賜的愛來愛人、愛己。在實踐上，要找出祂在自己生命中的設計、旨意和使命，並按此訂立人生各方面的標竿，終生追求；也在這種自我認識下，去學那些應學、並可幫助自己達標的元素（不論是知識、技能或態度），也去做適合自己的職業或工作，並以此來幫助他人、作光作鹽，祝福社會及教會，最後完成祂的託付，也成就祂所命定的自己，成就自己的重要性。這個理想的規劃模式未必能在年輕時實行，反而會在人真心信主的時刻開始，也許那已經是人生的後期，三種涯已有相當程度的發展。即使如此，仍然鼓勵這樣的信徒重整自己三個涯的內容，因為中心點，即人生目的，已經跟以前大大不同了。信了主的人，在基督裏成為新造的人，一切都應該朝向基督、餘生為祂而活！

愛上主，毋須否定自己的價值，因生命的價值是祂賦予的，愛自己，也毋須不理會別人的死活，因為我們都屬於人類的共同體。我們其實可以藉上主給我們的愛去自愛及愛人，也鼓勵別人愛上主，成就一個以上主為頂角、人和己為左右下角的「金三角」（見頁235）。這自然是個極美的想法，不易達到，但仍然要在這裏提出來，深信人沒有理想，便沒有方向，並且人心軟弱悖逆，容易向下走，《聖經》也說民無異象，就必放肆。一般而言，法乎上，常得乎中，取乎中，則得乎下，能臻於至上者，當然是最佳的！再者，若靠己力，人無法達標，要靠愛及聖靈加力，才有機會克服自己、突破自己、超越自己，成全祂心意中那個更新的自己，並且，這本是一個不斷自我反省及認識、面對疚責和不足、尋求上主饒恕及包容、重新抉擇及上路，以及靠主恩典和能力去誇勝及奔向人生標竿的歷程。

自2003年開始，我把自己人生所期望達致的標竿用「使命宣言」的形式寫下來，隨着人生的變化做了好幾次修訂，最近的版本是2018年的（宣言印在頁242），與大家分享及互勉。

作為結語，我相信人需要為自己的生命負責，必須好好考慮在生命中，要浪費光陰，還是善用光陰；埋沒天賦，還是發揮天賦；利用天賦去自肥自私，還是利用天賦去助人利己；活着只為今生，還是活着是為今生以及為來世，這全都是個人的抉擇，後果亦只有自己可以承擔或領受。在規劃生涯及落實規劃這些事上，別人無法代勞，就是至親許多時也愛莫能助，只能給予善意的提醒和衷心的鼓勵而已！

筆記

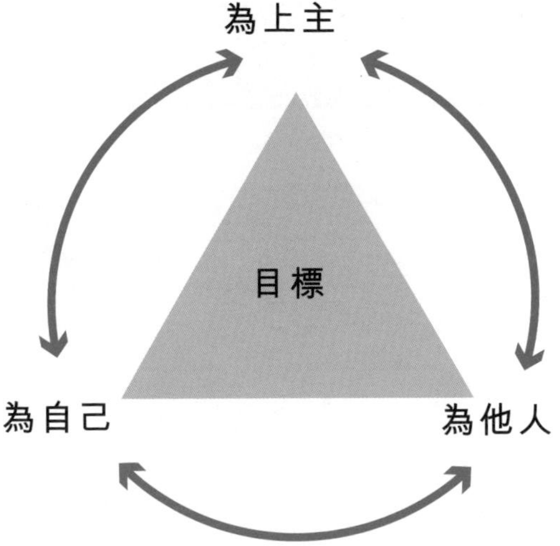

+ 回看你的學涯、職涯和生涯，有沒有哪方面要重整？重新調校和考慮？

思考問題

看完這本書後，你最大的感受或領悟是什麼呢？

優異生的
曲折旅程

陳韶

現在我於美國 Colorado State University 工作，研究微生物羣（microbiome）的數學模型。或許在同學朋友看來，我從事研究是理所當然的事，但其實當中我經歷過很多困難和掙扎。

跌跌碰碰胡胡塗塗

我從小喜愛數理而且成績不錯，加上高中時受到幾位良師啟蒙，渴望學習更多，所以大學主修數學及物理。然而我一直沒有認真思考將來要做什麼，直至畢業時，才猛然驚醒——原來工作並不像以前升學那樣順利，考試成績好便能前進。

當時很多大學同學都投身教育界，我也往這方面嘗試，但沒能找到理想的教席，而且心裏躊躇，想到若從此不再接觸高等數學，真感到可惜！但我報讀碩士研究課程也處處碰壁，原來一級榮譽畢業並不保證你便有機會升學，也不能證明你適合從事研究工作。後來我才意識到學術界的研究由教授主導，若想從事研究工作，首要的是拜訪不同教授，了解他們的研究範疇，再按自己的能力和興趣物色一位適合的教授來當導師，指引自己做研究。可是，當我還在大學讀書時，卻沒有這樣做，缺乏規劃成為我升學就業的障礙。大學畢業後那一年對我影響很大，多半花在等待和失望中掙扎，經常懷疑自己的價值，同時反思人生規劃的問題。

我感謝所仰賴的上帝，在挫折迷惘中給我盼望及出路，更讓我明白到做人不能守株待兔，儘管上帝給你預備最適合你做的事，要是你從來不認識和不知道它的存在，又怎會有機會去做呢？我開始聯絡不同的數學系教授，但都沒有得到回音或遭到拒絕，最後卻認識了一位其他學系的教授。他鼓勵我踏進一個我毫不了解的領域——計算生物學。我回想倘若在畢業前遇到這種跨學科研究的機會，多半會覺得自己不合適，特別是我以前對生物和化學都不感興趣。但當我嘗試跳出框框，開始相關的研究後，才發現能把數學應用到生命科學上，是多麼有趣和有意義！後來我更獲得獎學金，赴丹麥技術大學（Technical University of Denmark）讀博士課程，畢業論文是關於「乳酸乳球菌發酵的代謝流調控」（Flux regulation of the fermentation modes of Lactococcus lactis）。

到了今天，我竟然在美國一所州立大學的化學及生物工程學系中當助理教授。這一切經歷讓我反思：人有責任積極探索生命的可能性及認識現實，但卻不要被現實限制；人需要盡力計劃，但不要因計劃產生變化而懼怕前進！

天賦及個性造就現在的工作

除了對數學的興趣及理解抽象事物的天賦能力外，我的專注力也特別強，這有助我持續及深入鑽研深奧的課題。雖然從事科研會接觸到很多有趣的發明、創新的點子，但過程很多時是孤獨乏味的。由於科研一般很難在短時間內獲得成果，研究人員也經常要花上數年時間反復鑽研同一個問題，才有些微的進展。如果對科研只有興趣或天賦，而缺乏專注和毅力的話，是很難堅持下去的，更遑論取得突破性的研究結果了。

除上述的素質外，我對事物也少有固定的成見，且願意嘗試從不同角度去重新思考，可以說是對事物抱有「健康的懷疑態度」。這份對事物的好奇心和開放態度經常給我新的主意，對科研工作很有幫助。而在碩士及博士階段，進修和科研經驗更培養出我認為做科研的最重要素質：克服困難和自學能力。這些研究院的課程與過往的學習經驗不同，不再是依靠常規的課堂去獲取知識，而是要獨立和主動地探索最新的知識，更要在其中判別出值得研究的問題，繼而提出解決方法。回想在那些階段，我需要投入極大的精力去完成工作，過程雖然艱苦，但卻讓我培養出獨立解決難題的能力和信心來。

微生物大意義

我現在研究微生物羣的形成和生態。小小的微生物，影響其實極其巨大。地球上單是微生物細胞的數量便比整個宇宙內的恆星數目多十億倍，它們大部分以社羣形態存在，總重量超過動植物的總和，單在我們每個人的身體內，便約有數百克的微生物。原來它們深深地影響着泥土的質素、農作物的產量、全球的碳循環、人類消化道的健康和很多其他跟我們生活息息相關的事情。了解微生物羣的形成和預測它們的生物化學功能，對整個地球生態系統的可持續性、人類健康、能源問題，都有重大影響，感恩上主給了我這個參與這方面研究的機會，希望將來能有些貢獻！

我的
使命宣言

張文彪

「主啊！求祢成為我的異象」

我要明白基督，知道上帝如何叫一切智慧藏在祂裏面；我要敬拜祂、效法祂及傳揚祂；

我要學習體會生命本身，包括當中的美善和荒謬，並察看上帝以智慧及仁慈的手在其中運行及基督向窮乏及受苦的人施行憐憫；

我要等候上主，好叫我能明白祂在我身上的計劃和人生使命，並努力去成為祂想我成為的那個樣式；

我要仗着基督代贖的恩典和聖靈更新的能力，努力將上帝所賜給我的智能和天賦——無論它們是些什麼——發展成為祂手中傳遞仁愛、和平和真理的器皿；

我要讓上帝藉着我祝福其他人，所以要做一個

+ 愛妻子的丈夫；

+ 愛兒女的繼父；

+ 忠實朋友或弟兄；

+ 好鄰居或親戚；

+ 經常運動的人；

+ 在基督所愛的聖教會中的忠僕及長老；

+ 甘願以説話及好行為傳揚福音的使者；

+ 忠實及有效能地將所得的啟示和知識教導學生，並關顧學生的好老師；

+ 在教育界中忠誠、肯反思及積極進取的專業人員；

+ 在學術界中謙遜及有見地的學者；

+ 在本地和國際社會中一個具有良知及樂意與人分享的成員；

同時亦不會忘記自己只是一個凡人、一個蒙了救贖以及全然倚靠祂的罪人，希望藉上述一切能令周遭的人滿意，得到鼓勵和啟發去做好他們自己；

到了祂所指定的良辰，我要步入永恆，盼望有妻子陪伴，一面走，一面發出感謝和讚美，並帶着生命的戰利品及愛的創痕，作為最終的祭禮獻陳給上帝——就是那位昔在、今在、以後永在的主及生命之源！

到那時、在那地，主上帝會按着祂豐盛及榮耀的恩典，將生命的冠冕放在我頭上，正如祂將冠冕放在所有稱為祂名下人的頭上一樣，以表明基督為我所作的一切及叫我和祂的兒女在祂裏面同歸於一！

但願上主助我完成此人生使命及按祂所命定的日子接我進入祂的國度，我願誠心接納祂在我生命中所成就的一切，阿門！

2018

My Mission Statement（英文原稿）

'BE THOU MY VISION'

To know Christ, see how God lets all wisdom reside in Him, worship Him, imitate Him and tell others about Him;

To learn to appreciate life as it is - with all its beauty and absurdity - and to see God's wise and loving hand in it and Christ's compassion for the poor and suffering;

To wait upon the Lord and find out what His plan for my life is or what my life's mission is and strive to be all that He wants me to be;

To work hard to develop, with the saving grace of Jesus Christ and transforming power of the Holy Spirit, whatever intelligences and strengths God has endowed me with and to transform them into His instruments of love, peace and truth;

To strive to be God's blessings to others by being:

+ a loving husband,
+ a loving step father,
+ a true friend or brother,
+ a caring neighbor or relative,
+ a regular athlete,
+ a dedicated servant and elder in the holy and beloved church of Christ,
+ a willing evangelist who spreads the Gospel through words and good deeds,

+ a good and caring teacher who teaches honestly and effectively what is revealed to me,

+ an authentic, reflective and proactive professional in the educational community,

+ a humble and insightful scholar in the academic community and

+ a conscientious and sharing member of the local and international communities,

without forgetting I am just a mortal and saved sinner totally dependent on Him, so that those around me can be satisfied, encouraged, and inspired to be better themselves;

To journey into eternity in His good time, hopefully with my wife to keep me company, giving hearty thanks and praise and carrying trophies of life and scars of love as ultimate offerings to God, who art the Lord and fountain of life - past, present, future & everlasting! There and then the Lord God, in His abundant and glorious grace, will place the crown of life on my head, as He would on all other Christians' heads, to mark what Christ has done for me and make me one with Him and His children!

May God help me live up to my life's mission and take me into His kingdom on the day He destines! I would embrace all that He has done for me. Amen!

2018

寫下你的使命宣言